聞いてマネしてすらすら話せる

キクタン
トラベル

台湾華語

アルク

はじめに

　台湾は、旅先として魅力にあふれています。日本からの渡航者も年々増え、2019年には約216万人（台湾観光局調べ）に達しました。新型コロナウィルスの影響で、観光での渡航が気軽にできるようになるのは本書が発売される少し先になるかもしれませんが、必ずまた台湾旅行を楽しめるときが来ます。見ごたえのある観光地やおいしい料理、雰囲気がある街並みなど、台湾の魅力はたくさんありますが、現地の台湾人のやさしさ、人懐っこい人柄も魅力の1つとして挙げられるのではないでしょうか。道を聞けば親切に教えてくれますし、飲食店では子ども連れにも好意的に対応してくれます。そんな台湾の人々と、少しでも台湾華語（以下、華語）でやりとりできると、言葉が通じる喜びを感じられるでしょうし、相手も「こちらの言語を学ぼうとしてくれたんだ」と嬉しく思うでしょう。心の通ったコミュニケーションが、旅をより充実したものにしてくれます。台湾旅行で、現地の人々と楽しい会話・交流ができるようにするのが、本書の最大の目的です。

　本書は、華語や中国語の学習が初めてでも、効率よく旅行で使えるフレーズが学べるように構成されています。第1・2章では、発音や文法について解説し、簡単な挨拶などの基本語彙を紹介しています。第3〜9章では、旅行のシーン別で、使える華語の構文を会話形式や単語を置き換える形で練習していきます。紹介するフレーズは、初心者でも挑戦しやすいよう、できるだけ短くシンプルな表現を使い、発音記号は注音符号（華語の発音記号）の他にピンイン（中国の発音記号）も付けています。

　華語の上達には、発音の練習が欠かせません。同じ音でも、声調を誤ると相手に通じなくなってしまうこともあり、多言語と比べても発音の正確さが重要と言えます。キクタンのリズムよく発音を学べるメソッドを使って、楽しく繰り返しマネして発音練習をしてみてください。本書が読者の方々の台湾旅行を充実させる一助となれば幸いです。

　最後に、イラストを描いてくださった小道迷子さん、気持ちよくナレーションに協力してくださった台湾のインリンさん、呉建恆さん他、ご協力いただいた皆様に感謝の意を申し上げます。

2020年12月　　渡邉豊沢

\ だから、覚えられる！　話せる！ /

本書の4大特長

①

本当に使えるフレーズばかりを厳選！

本書では、台湾旅行でよく使う厳選フレーズを、旅の7つのシーンに分けて収録しました。簡単で覚えやすい「基本会話」、基本会話の重要フレーズを応用して使いこなすための「置き換え練習」、シーンごとの「よく使うフレーズ」の3パターンで会話力を強化し、さらに「関連単語」で語彙力をつけます。どれも旅行ですぐに使えるフレーズばかりです。

②

台湾華語会話をリズムに乗って「耳」から楽しく覚えられる！

フレーズを効率よく覚えるためには、読むだけでなく、耳で聞いて声に出して発音するのが一番です。特に声調のある台湾華語では、耳からの学習が重要になります。本書ではリズムに乗りながら楽しくフレーズや単語を覚えられる「チャンツ学習」を採用。「目」と「耳」から同時にインプットし、さらにマネして「口」に出すことでしっかり定着させましょう。

③

台湾華語の学習がはじめてでも無理なくしっかり身につく！

日本人が難しいと感じる声調などの音の変化や、文法事項について丁寧に解説しているので、台湾華語の学習がはじめてでも無理なく学べます。フレーズにはピンインと注音符号（台湾華語の発音記号）を併記しているので、好みやレベルに合わせてそれらを参照してください。フレーズは覚えやすいよう極力シンプルな表現に、音声は初心者がリピートしやすいスピードに設定しています*。

④

さまざまなシーンで使える・通じるから旅が楽しくなる！

親日的として知られる台湾では、台湾人の多くが日本人旅行客の質問や要望にあたたかく応じてくれるはずです。「置き換え練習」や「よく使うフレーズ」とともに「関連単語」も活用して自分が言いたいフレーズを練習しておけば、応用範囲が広がります。本書で学んだフレーズをどんどん使ってみてください。コミュニケーションの幅が格段に広がり、旅がより楽しいものになるでしょう。

* アプリ「語学のオトモ ALCO」に音声の再生速度を調節する機能がございますのでそちらもご活用ください。

目次

Chapter 1 台湾華語の基礎

Chapter 2 基礎フレーズ

Chapter 3 機内と入国

Chapter 4 宿泊

5

中国語と台湾華語の違い

現在、中国政府が公用語と指定している中国語を「普通話Pǔ tōng huà」といい、中国語を学ぶ多くの日本人は「普通話」を学んでいます。これに対し、台湾で公用語とされている中国語を「台湾華語 (台湾では中文 Zhōng wén や國語 guó yǔ という)」と呼びます。

「普通話」と「台湾華語」は、発音記号 (「普通話」はピンイン、「台湾華語」は注音符号) や漢字 (「普通話」は簡体字、「台湾華語」は繁体字) が違います (p.14「台湾華語の基礎」参照)。しかし、一部の表現で発音や声調が違うものの、文法や単語の意味は基本的に同じなので、「普通話」を使った会話は台湾でも通じます。

ほかに、台湾で広く使用されている言語に「台湾語 (台湾では「臺語Tái yǔ」という)」があります。「台湾語」は中国語の方言の1つで、福建省南部などで使われていた「閩南語Mǐn nán yǔ」から派生して台湾で独自に進化した言語です。現在も台湾の中南部を中心に「台湾語」を話す人が多くいます。本書で紹介した料理名の一部には、「台湾華語」とは発音が全く違う「台湾語」で定着したものもあります。それらについては、欄外に説明を加えましたのでご参照ください。

本書の活用法

本書は、台湾華語 (以下、華語) の発音・文法や基本フレーズをまとめた章 (Chapter1、2) と、台湾旅行のシーン別で使えるフレーズを紹介した章 (Chapter3 〜 9) で構成されています。初めて中国語や華語を学習する方、基礎を復習してから会話に進みたい方は Chapter1、2 から学習を始めるとよいでしょう。

Chapter1 台湾華語の基礎

- **発音 / 漢字 / 注音記号について**

  華語を学習するうえで最も大事な発音の基礎や、華語で使われる漢字について解説しています。音声付きなので、発音を実際に声に出して練習してみてください。

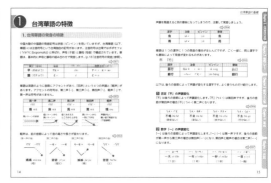

- **文法について**

  本書を読み進めるうえで前提となる、華語の基本文法について解説しています。各章のフレーズ解説と合わせて、内容理解の助けにしてください。

Chapter2 基礎フレーズ

挨拶や返事などの華語会
話の基礎となるフレーズ
や、基本動詞・数・量詞
などの基礎単語を掲載し
ています。自分が使いた
いフレーズや単語から
ピックアップして学ぶの
もよいでしょう。

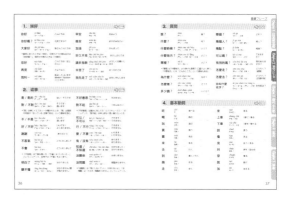

Chapter3 ～ 9 台湾旅行シーン別表現

台湾旅行に役立つ表現を、シーン別の7つのカテゴリーに分類して厳選しました。まずは楽し
くリズムに乗って「基本会話」をマスター。「置き換え表現」では自分なりの表現でフレーズを使
いこなす練習をしてみてください。

基本会話

旅行でよく使う表現が2名の会話形式で学べま
す。「こう言われたらこう返す」をセットで覚え
ましょう。音声は各文「華語 → 日本語 → 華語」
の順番で流れます。
音声を聞いてフレーズをマネしてみましょう。

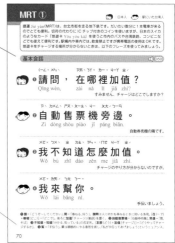

解 説

文中に出てきた語彙や文法について簡単に解説
しています。フレーズについてより理解を深め
ることができます。

置き換え練習

基本会話で出てきた重要表現を使いこなすためのバリエーションを紹介しています。「置き換え単語」を参考にして、学習したフレーズを自分なりの表現にアレンジしてみましょう。

音声は「軸となるフレーズの華語 → 日本語→ 華語」→「置き換え単語華語 → 単語日本語 → 華語」の順で流れます。

置き換え単語

「軸となるフレーズ」の「〜」の部分をいろいろな単語に置き換えて練習しましょう。

MRT ①
置き換え練習
◀ 051

ㄗㄞ` ㄋㄚ˙ ㄌㄧˇ
在 哪 裡 ～ ?   どこ（場所）で〜しますか？
Zài nǎ lǐ

解説 指事詞一丁「どこ（場所）で〜しますか」は、何かをしたいとき（その行為ができる場所を尋ねるときに用いる表現。〜には動詞が入る。

置き換え単語

❶ 坐 捷 運   ⑩ MRTに乗る   ▶在哪裡坐捷運？
zuò Jié yùn

❷ 坐 台 鐵   ⑩ 台湾鉄道に乗る ▶在哪裡坐台鐵？
zuò Tái tiě

❸ 坐 高 鐵   ⑩ 台湾新幹線に乗る ▶在哪裡坐高鐵？
zuò Gāo tiě

❹ 上 車   ⑩ 乗車する   ▶在哪裡上車？
shàng chē

❺ 下 車   ⑩ 下車する   ▶在哪裡下車？
xià chē

❻ 換 車   ⑩ 乗り換える   ▶在哪裡換車？
huàn chē

71

よく使うフレーズ

基本会話のほかに、知っておくと台湾旅行で役立つフレーズを掲載しています。音声は「華語 → 日本語 → 華語」の順番で流れます。

フレーズには、それぞれ簡単な解説があります。

よく使うフレーズ（宿泊）
◀

❶ 有 Wi-Fi 嗎 ?
Yǒu   ma?

❷ Wi-Fi 密 碼 是 幾 號 ?
mì mǎ shì jǐ hào?

❸ 餐 廳 在 幾 樓 ?
Cān tīng zài jǐ lóu?

❹ 早 餐 幾 點 開 始 ?
Zǎo cān jǐ diǎn kāi shǐ?

❺ 我 的 房 間 卡 丟 了 ?
Wǒ de fáng jiān kǎ diū le.

❻ 我 的 房 間 鑰 匙 丟 了 ?
Wǒ de fáng jiān yào shi diū le.

66

---

❼ 隔 壁 太 吵 了 。
Gé bì tài chǎo le.

❽ 退 房 時 間 是 幾 點 ?
Tuì fáng shí jiān shì jǐ diǎn?

❾ 能 延 長 退 房 時 間 嗎 ?
Néng yán cháng tuì fáng shí jiān ma?

❿ 能 寄 放 行 李 嗎 ?
Néng jì fàng xíng lǐ ma?

⓫ 機 場 巴 士 是 幾 點 ?
Jī chǎng bā shì shì jǐ diǎn?

⓬ 房 費 附 早 餐 嗎 ?
Fáng fèi fù zǎo cān ma?

67

関連単語

台湾旅行のそれぞれのシーンで頻出する言葉を「関連単語」としてまとめました。「置き換え練習」や「よく使うフレーズ」で学習したフレーズに当てはめて練習すれば応用範囲が広がります。

置き換え単語 / 関連単語の凡例

動 = 動詞
名 = 名詞
形 = 形容詞
接 = 接続詞

関連単語
◀ 049

□ 單 人 房   jiān rén fáng   ⑧ シングルルーム

□ 雙 人 房   shuāng rén fáng ⑧ ダブルルーム

□ 套 房   tào fáng   ⑧ スイートルーム

□ 健 身 房   jiàn shēn fáng   ⑧ スポーツジム

□ 商 務 中 心   shāng wù zhōng xīn ⑧ ビジネスセンター

□ 客 房 服 務   kè fáng fú wù   ⑧ ルームサービス

□ 電 梯   diàn tī   ⑧ エレベーター

□ 保 險 箱   bǎo xiǎn xiāng   ⑧ セーフティボックス（金庫）

□ 行 李 櫃 檯   xíng lǐ guì tái ⑧ 荷物預かりサービス

□ 緊 急 出 口   jǐn jí chū kǒu   ⑧ 非常口

68

10

コラム

台湾の文化や慣習について知ることができるお話を載せています。

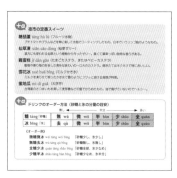

+α

台湾旅行に役立つ情報や、シーンごとの周辺事情、語彙を広げるための単語を集めました。

■ 音声を使った3ステップ学習について

STEP 1 チャンツを聞く

「華語 → 日本語 → 華語」の順に収録されている基本会話の音声を聞きます。フレーズの発音と意味をチェックしましょう。

STEP 2 マネして発音してみる

リズムに乗りながら声に出して基本会話をマネしてみましょう。「華語 → 日本語 → 華語」の華語の部分で一緒に発音してもいいですし、その後のポーズの間に言ってみてもよいでしょう。

STEP 3 応用表現を学ぶ

置き換え表現のフレーズで、その表現を使いこなす応用力をつけましょう。

ダウンロード音声について

本書の学習で使用する音声は、①のウェブサイトもしくは②のスマートフォンアプリから無料でダウンロードしていただけます（MP3 ファイル形式／ zip 圧縮済）。

① パソコンをご利用の場合

「アルク・ダウンロードセンター」 https://www.alc.co.jp/dl/ をご利用ください。
書籍名または商品コード（7020058）で検索し、ダウンロード用ボタンをクリック、以下のパスワードを入力し、ダウンロードしてください。

② スマートフォンをご利用の場合

アプリ「語学のオトモ ALCO」 https://www.alc.co.jp/alco/ をご利用ください。
「語学のオトモ ALCO」のインストール方法は表紙カバー袖でご案内しています。書籍名または商品コード（7020058）で検索後、以下のパスワードを入力し、コンテンツをダウンロードしてください。

* iOS、Android の両方に対応しています。
*本サービスの内容は予告なく変更する場合がございます。あらかじめご了承ください。

■ 学習用音声トラック表　学習用音声は本書内の音声マーク 🔊 の箇所で使用します。

台湾華語の基礎

台湾華語の特徴

1. 台湾華語の発音の特徴

中国大陸の中国語の発音記号は拼音 (ピンイン) を用いていますが、台湾華語 (以下、華語) には注音符号という台湾独自の記号があります。注音符号は台湾ではボポモフォ (ㄅㄆㄇㄈ [bopomofo]) と呼ばれ、声母 (子音) と韻母 (母音) で構成されています。華語は、基本的に声母と韻母の組み合わせで発音します。(p.18「注音符号の発音」参照)。

🔊 001

漢字 (意味)	注音	ピンイン	注音とピンイン
早 (おはよう)	ㄗㄠˇ	zǎo	ㄗ = z ㄠ = ao
鵝 (ガチョウ)	ㄜˊ	é	ㄜ = e

華語は英語のように音節にアクセントがあり、「四声」という4つの声調と「軽声」があります。アクセントの符号は、第二声「ˊ」、第三声「ˇ」、第四声「ˋ」、軽声「˙」で、第一声は符号がありません。

🔊 002

第一声	第二声	第三声	第四声	軽声
ㄇㄚ	ㄇㄚˊ	ㄇㄚˇ	ㄇㄚˋ	˙ㄇㄚ
媽 mā	麻 má	馬 mǎ	罵 mà	嗎 ma
高いトーンのまま	低いトーンから高いトーンへ	低くおさえたところから上がる	高いトーンから一気に下がる	声調がなく軽い音で発音する (下図参照)

軽声は、前の音節によって音の高さや長さが変わります。

🔊 003

(第一声の後)

ㄇㄚ ˙ㄇㄚ

媽媽 mā ma
(母)

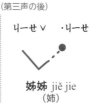

(第二声の後)

ㄧㄝˊ ˙ㄧㄝ

爺爺 yé ye
(祖父)

(第三声の後)

ㄐㄧㄝˇ ˙ㄐㄧㄝ

姊姊 jiě jie
(姉)

(第四声の後)

ㄅㄚˋ ˙ㄅㄚ

爸爸 bà ba
(父)

声調を間違えると別の意味になってしまうので、注意して発音しましょう。

🔊004

漢字	注音	ピンイン	意味
魚	ㄩˊ	yú	魚
雨	ㄩˇ	yǔ	雨

華語は1つの漢字に1つの発音の場合がほとんどですが、ごく一部に、同じ漢字でも意味によって発音が変わるものがあります。

例 ：「行」

🔊005

漢字	注音	ピンイン	意味
旅行	ㄌㄩˇ ㄒㄧㄥˊ	lǚ xíng	旅行
銀行	ㄧㄣˊ ㄏㄤˊ	yín háng	銀行

以下は、後ろの音節によって声調が変化する漢字です。よく使うものだけ紹介します。

1 否定「不」の声調変化

「不」は後ろの音節によって声調変化します。「不」(ㄅㄨˋ)は第四声ですが、後ろの音節が第四声の場合「不」(ㄅㄨˊ)第二声になります。

🔊006

ㄅㄨˋ ㄏㄜ	ㄅㄨˋ ㄌㄞˊ	ㄅㄨˋ ㄗㄡˇ	ㄅㄨˊ ㄑㄩˋ
不喝 bù hē	不來 bù lái	不走 bù zǒu	不去 bú qù
（飲まない）	（来ない）	（歩かない）	（行かない）

2 数字「一」の声調変化

「一」は後ろの音節によって声調変化します。「一」(ㄧ)は第一声ですが、後ろの音節が第一声から第三声の場合は第四声「ㄧˋ」になり、第四声と軽声の場合は第二声「ㄧˊ」になります。

🔊007

ㄧˋ ㄊㄧㄢ	ㄧˋ ㄋㄧㄢˊ	ㄧˋ ㄇㄧㄠˇ	ㄧˊ ㄧㄝˋ
一天 yì tiān	一年 yì nián	一秒 yì miǎo	一夜 yí yè
（1日）	（1年）	（1秒）	（一晩）

補足 第三声が2つ続いている場合は、前の音節が第二声に変化します。第三声が
　　 3つ続いている場合は、前の2つの音節が第二声に変化することが多いです
　　 （本文中の声調表記は第三声のままになっています）。

例　**你好**。 ㄋㄧˇ ㄏㄠˇ Nǐ hǎo. → ㄋㄧˊ ㄏㄠˇ Ní hǎo.（こんにちは）
例　**展覽館**。 ㄓㄢˇ ㄌㄢˇ ㄍㄨㄢˇ Zhǎn lǎn guǎn

　　　　　　 → ㄓㄢˊ ㄌㄢˊ ㄍㄨㄢˇ Zhán lán guǎn.（展示ホール）

2. 台湾華語の漢字の特徴

華語の漢字は、中国大陸で一般に使われる「簡体字（簡略化された漢字）」とは違います。簡略化せず、古くから使われてきた漢字そのままの形である「繁体字（台湾では正體字と言う）」を用います。繁体字は日本の旧漢字に近く、常用漢字に比べて画数が多く複雑に見えるものが多いのが特徴です。

🔊 008

台湾繁体字	日本の常用漢字
貓 ㄇㄠ māo	猫
錢 ㄑㄧㄢˊ qián	銭
藥 ㄧㄠˋ yào	薬

華語には、日本語と漢字も意味も同じ単語や、漢字の順番が違うだけで意味は同じになる単語があります。これらは字を見ればだいたい意味が分かります。

🔊 009

華語 （意味）			日本語
介紹 ㄐㄧㄝˋ ㄕㄠˋ jiè shào （紹介）			紹介
限制 ㄒㄧㄢˋ ㄓˋ xiàn zhì （制限）			制限

また、漢字は同じでも日本語とは意味が異なる単語もあります。

🔊 010

華語 （意味）			日本語
勉強 ㄇㄧㄢˇ ㄑㄧㄤˇ miǎn qiǎng （無理に）			勉強
汽車 ㄑㄧˋ ㄔㄜ qì chē （自動車）			汽車

台湾華語の発音

1. 声母と韻母の分類

注音符号の数は声母(子音)が21個、韻母(母音)が16個で、音節の始めはほとんどが声母、その後ろに韻母がきます。例えば「ㄏㄠ」(hao)の音節なら「ㄏ」(h)が声母で、「ㄠ」(ao)が韻母です。また、「ㄚ」(a)のように、単独で韻母を用いることもあります(p.18「注音符号の発音」参照)。
声母は発音の方法によって「唇音」「舌尖音」「舌根音」「舌面音」「そり舌音」「舌歯音」に分類され、それぞれに有気音、無気音、鼻音、摩擦音などがあります。

唇　音	上唇と下唇を使って発音する		舌面音	舌の先を下の歯の裏に付けて発音する
舌尖音	口を少し横に引いて発音する		そり舌音	舌を上にそり上げて発音する
舌根音	舌の先を下の歯の裏に付けて発音する		舌歯音	舌の先を前歯の裏に当て口を軽く横に引きながら発音する

発音メモ

言葉のリズムやイントネーションをつかむのがネイティブの発音に近づくコツです。意識したいポイントについて補足しておきます。

● **そり舌音の発音について**

台湾では「そり舌音」の発音であまり舌をそり上げないという特徴があり、「そり舌音」の「zh, ch, sh」が、舌歯音の「z, c, s」と似た音に聞こえます(p.20参照)。例えば「好吃 hǎo chī」は「ハオチー」ではなく「ハオツー」のように聞こえます。

● **第三声の発音について**

第三声のうち、声調符号が示すように語尾を上げずいちばん低い位置で下げたまま止める発音を「半三声」と言います。第三声の後ろに第三声以外の声調が続く場合は半三声に、返事の「好 hǎo」など単独で使う場合は第三声で発音することが多いです。また、第三声の後ろに第三声が連続する場合は、最初の第三声が第二声に変化します(p.16参照)。このパターンは、「你好 Nǐ hǎo」「可以 kě yǐ」「給我 gěi wǒ」などの基本フレーズにも多く登場します。

● **軽声について**

普通話(p.7参照)では軽声の有無で意味が変わる言葉もありますが、台湾では本来の声調のまま発音されることがほとんどです。例えば普通話の「地方 dì fāng」(第四声+第一声)は「地方」、「地方 dì fang」(第四声+軽声)は「場所」を意味しますが、華語では意味を文脈で判断し、いずれも軽声にはなりません。

2. 注音符号の発音

🔊 011

声母音	**無気音（唇音）**	**ㄅ b(o)** **発音のポイント** 唇を閉じたところから軽く口を開けて「ぼぉ」	**声母音**	**無気音（舌尖音）**	**ㄉ d(e)** **発音のポイント** 舌先を軽く前歯の裏にあて喉の奥から軽く声を出して「だぁ」

声母音

無気音（唇音）

ㄅ b(o)

発音のポイント
唇を閉じたところから軽く口を開けて「ぼぉ」

有気音（唇音）

ㄆ p(o)

発音のポイント
唇を閉じたところからおもいきり吐き出して「ぼぉ」

鼻音（唇音）

ㄇ m(o)

発音のポイント
唇を閉じたところから軽く口を開いて「もぉ」

摩擦音（唇音）

ㄈ f(o)

発音のポイント
上の歯を軽く下唇において「ふぉ」

声母音

無気音（舌尖音）

ㄉ d(e)

発音のポイント
舌先を軽く前歯の裏にあて喉の奥から軽く声を出して「だぁ」

有気音（舌尖音）

ㄊ t(e)

発音のポイント
舌先を軽く前歯の裏にあて喉の奥からおもいきり声を出して「だぁ」

鼻音（舌尖音）

ㄋ n(e)

発音のポイント
舌先を軽く前歯の裏にあて喉の奥から声を出して「ぬぁ」

有声音（舌尖音）

ㄌ l(e)

発音のポイント
舌先をきちんと前歯の裏にあて喉の奥から声を出して「らぁ」

声母には発音するときに息を思いっきり出す「有気音」と息を軽くそっと出す「無気音」があります。

台湾華語の基礎

Chapter 1 台湾華語の基礎

Chapter 2 基礎フレーズ

Chapter 3 機内と入国

Chapter 4 宿泊

Chapter 5 移動

🔊 012

声母音	無気音（舌根音）	**ㄍ g(e)**

発音のポイント
口を横に開いて喉の奥から声を出して「ぐ～」

甘しょうに ぐ～

| 有気音（舌根音） | **ㄎ k(e)** |

発音のポイント
口を横に開いて喉の奥から声を出して「く～」

| 摩擦音（舌根音） | **ㄏ h(e)** |

発音のポイント
口を横に開いて喉の奥から（声を出して）「ふぉ～」

| 声母音 | 無気音（舌面音） | **ㄐ j(i)** |

発音のポイント
口を左右に少し引いて声を出して「じ～」

| 有気音（舌面音） | **ㄑ q(i)** |

発音のポイント
口を左右に少し引いて息を強く吐き出しながら（声を出して）「ち～」

思いっきり ち～

| 摩擦音（舌面音） | **ㄒ x(i)** |

発音のポイント
口を左右に少し引いて英語のＡ、Ｂ、「し～」

ワンポイントアドバイス 有気音と無気音の使い分けははっきりと！

唇の使い方を意識した発音に慣れない日本人にとっては、有気音と無気音の使い分けが難しく感じるかもしれません。日本語でいえば濁点あるのが無気音で、有気音は濁点のないクリアな音を無気音より強めに息を出す感じで発音します。「ㄅ (bo) / ㄆ (po)」、「ㄉ (de) / ㄊ (te)」、「ㄍ (ge) / ㄎ (ke)」の音列は、有気音と無気音の違いがあいまいだと通じないことがあるので、特に気をつけて発音しましょう。

声母音 | 無気音（舌歯音）

ㄗ z(i)

発音のポイント
口を横に開いて
「す～」

声母音 | 無気音（そり舌音）

ㄓ zh(i)

発音のポイント
舌先を少し巻き上げ
て上の歯ぐきにあてて
やさしく「ぢ～」

声母音 | 有気音（舌歯音）

ㄘ c(i)

発音のポイント
口を横に開いて息を強く吐き出しながら
声を出し「つ～」

声母音 | 有気音（そり舌音）

ㄔ ch(i)

発音のポイント
舌先を少し巻き上げておもいきり
息を吐いて「ち～」

声母音 | 摩擦音（舌歯音）

ㄙ s(i)

発音のポイント
口を横に開いて
「す～」

声母音 | 摩擦音（そり舌音）

ㄕ sh(i)

発音のポイント
舌先を少し巻き上げ
て思いきり息を吐い
て「し～」

声母音 | 有声音（そり舌音）

ㄖ r(i)

発音のポイント
舌先を少し巻き上げて思いきり息を吐
いて「り～」

＊そり舌音について

台湾人はあまり舌を巻かずにそり舌音を発音し
ます。そり舌音が少ないのは、中国で話される
中国語との違いであり、台湾華語の特徴の１つ
です。ただし、注音符号はそり舌音の「ㄓ(zh)、
ㄔ(ch)、ㄕ(sh)」で表されます。実際に台湾人
の発音を聞いても日本人の耳には「ㄓ(zh)とㄗ
(z)」、「ㄔ(ch)とㄘ(c)」「ㄕ(sh)とㄙ(s)」が
ほぼ同じように聞こえるかもしれません。

台湾華語の基礎

Chapter 1 台湾華語の基礎
Chapter 2 基礎フレーズ
Chapter 3 機内と入国
Chapter 4 宿泊
Chapter 5 移動

🔊 014

韻母音 単音	Ｙ a	韻母音 複音	ㄞ ai

Ｙ a 韻母音 単音

発音のポイント
口を大きく開けて「あ～」

ㄞ ai 韻母音 複音

発音のポイント
「あい」してる、「い」は軽くそえ、
口は徐々に横に引く

ㄛ o 単音

発音のポイント
日本語の「お」よりも口を丸めて少し前
に突き出す感じで「お～」

ㄟ ei 複音

発音のポイント
「えい」
「い」は軽くそえ、口は徐々に横に引く

ㄜ e 単音

発音のポイント
口を少し横に開いて喉
の奥から（声を出して）
「づ～」

ㄠ ao 複音

発音のポイント
「あぉ」の「あ」は長く強く
「お」は短く口は徐々に丸くする

ㄝ ê 単音

発音のポイント
口を横に開いて「え～」
＊ピンインでは［ê］も［e］と記しますが、ここで
は注音符号「ㄜ［e］」との違いが分かるように［ê］
と記しています。

ㄡ ou 複音

発音のポイント
「おぅ」の「お」は長く強く「う」は短く
口は徐々に丸くする

「ㄜ (e)」の音は、日本人にとっては特に難しく感じるかもしれません。ピンインは「e」ですが日本
語の「エ」ではなく「ウ」と「ア」の中間くらいの音で、喉の奥から「ヴ～」と唸る感じで発音します。
この音は本書の会話にも多く登場しますので、繰り返し聞いて発音をマネしてください。

韻母音

a 語頭韻母 — ㄢ an

発音のポイント
口を軽く横に引いて「あん」

e 語頭韻母 — ㄣ en

発音のポイント
口を軽く横に引いて「えん」
最後まで口は閉じない

a 語頭韻母 — ㄤ ang

発音のポイント
気持ちをリラックスさせ喉の奥から
(声を出して)「あ〜ん」

e 語頭韻母 — ㄥ eng

発音のポイント
口を丸く開けてリラックスして
「お〜ん」

韻母音

*台湾ではあまり「ル」音を発音しません。

そり舌音 — ㄦ er

発音のポイント
舌先を少しそり上げて
上の歯ぐきに付けず「ぁる」

なめらかに / ぁる

介母音* — ー yi/-i

発音のポイント
口はおもいきり
横に引いて「い〜」

い〜 だ!

介母音 — ㄨ wu/-u

発音のポイント
口をタコみたいに
突き出して「う〜」

介母音 — ㄩ yu/-u/ü

発音のポイント
先に「い」を発音しながら
徐々に唇を丸めて前に
突き出しながら声を出す

ゆい / 口先に少しカを入れる

「ㄢ(an)/ㄤ(ang)」、「ㄣ(en)/ㄥ(eng)」は使い分けが難しい組み合わせです。「ㄢ」と「ㄣ」はそれぞれ日本語の「アン」「エン」とほぼ同じはっきりとした発音、語尾に「-ng」がつく「ㄤ」と「ㄥ」は、口を開いたまま鼻から息を抜くような感じでやわらかく発音します。

*介母音 … 母音と子音の間にはさんで2つの音の仲立ちをする音。

複合母音	「ㄧ」の組み合せ			複合母音	「ㄨ」の組み合せ		
	ㄧㄚ	ya/-ia			ㄨㄚ	wa/-ua	
	ㄧㄛ	yo			ㄨㄛ	wo/-uo	
	ㄧㄝ	ye/-ie			ㄨㄞ	wai/-uai	
	ㄧㄠ	yao/-iao			ㄨㄟ	wei/-ui	
	ㄧㄡ	you/-iu			ㄨㄢ	wan/-uan	
	ㄧㄢ	yan/-ian*			ㄨㄣ	wen/-un	
	ㄧㄣ	yin/-in*			ㄨㄤ	wang/-uang	
	ㄧㄤ	yang/-iang			ㄨㄥ	weng/-ong*	
	ㄧㄥ	ying/-ing*		「ㄩ」の組み合せ	ㄩㄝ	yue/- üe	
					ㄩㄢ	yuan/-üan	
					ㄩㄣ	yun/-ün	
					ㄩㄥ	yong/-iong*	

＊単母音の発音が変化する組み合わせ

「ㄧㄢ (i+an)」→「イエン」と発音します。
「ㄧㄣ (i+en)」→「イン」と発音します。
「ㄧㄥ (i+eng)」→「イン」と発音します。
「ㄨㄥ (w+eng)」→ 子音と組み合わせた場合、
　　　　　　　　　「オン」と発音します。
「ㄩㄥ (ü+eng)」→「ヨン」と発音します。

ミニ Quiz

次の会話の注音符号を読んでみよう！

A：ㄗㄠˇ

　　ㄋㄧˇ　ㄏㄠˇ　˙ㄇㄚ

B：ㄨㄛˇ　ㄏㄣˇ　ㄏㄠˇ

　　ㄋㄧˇ　˙ㄋㄜ

A：ㄨㄛˇ　ㄧㄝˇ　ㄏㄣˇ　ㄏㄠˇ

　　ㄗㄞˋ　ㄐㄧㄢˋ

ミニ Quiz の答　A：早。Zǎo.　你好嗎？　Nǐ hǎo ma?「おはよう、元気？」

B：我很好。Wǒ hěn hǎo.　你呢？　Nǐ ne?「とても元気です。あなたは？」

A：我也很好。Wǒ yě hěn hǎo.　再見。Zài jiàn.「私も元気です。さようなら」

3. 注音とピンインの対照表

声母（子音）					
注音	ピンイン			使用例	
ㄅ	b	爸爸	パパ	bà ba	ㄅㄚˋ ・ㄅㄚ
ㄆ	p	拍	打つ	pāi	ㄆㄞ
ㄇ	m	帽子	帽子	mào zi	ㄇㄠˋ ・ㄗ
ㄈ	f	飛機	飛行機	fēi jī	ㄈㄟ ㄐㄧ
ㄉ	d	豆腐	豆腐	dòu fǔ	ㄉㄡˋ ㄈㄨˇ
ㄊ	t	太陽	太陽	tài yáng	ㄊㄞˋ ㄧㄤˊ
ㄋ	n	奶奶	父方の祖母	nǎi nai	ㄋㄞˇ ・ㄋㄞ
ㄌ	l	老師	先生	lǎo shī	ㄌㄠˇ ㄕ
ㄍ	g	狗	犬	gǒu	ㄍㄡˇ
ㄎ	k	卡	カード	kǎ	ㄎㄚˇ
ㄏ	h	孩子	子ども	hái zi	ㄏㄞˊ ・ㄗ
ㄐ	j	九	9	jiǔ	ㄐㄧㄡˇ
ㄑ	q	錢	お金	qián	ㄑㄧㄢˊ
ㄒ	x	洗澡	入浴する	xǐzǎo	ㄒㄧˇ ㄗㄠˇ
ㄓ	zh(i)	豬	豚	zhū	ㄓㄨ
ㄔ	ch(i)	茶	お茶	chá	ㄔㄚˊ
ㄕ	sh(i)	山	山	shān	ㄕㄢ
ㄖ	r(i)	日本	日本	Rì běn	ㄖˋ ㄅㄣˇ
ㄗ	z(i)	早餐	朝ご飯	zǎo cān	ㄗㄠˇ ㄘㄢ
ㄘ	c(i)	餐廳	レストラン	cān tīng	ㄘㄢ ㄊㄧㄥ
ㄙ	s(i)	傘	傘	sǎn	ㄙㄢˇ

韻母（母音）					
注音	ピンイン			使用例	
ㄚ	a	媽媽	ママ	mā ma	ㄇㄚ ・ㄇㄚ
ㄛ	o	伯伯	父の兄	bó bo	ㄅㄛˊ ・ㄅㄛ
ㄜ	e	哥哥	お兄さん	gē ge	ㄍㄜ ・ㄍㄜ
ㄝ	ê	爺爺	父方の祖父	yé ye	ㄧㄝˊ ・ㄧㄝ
ㄞ	ai	奶奶	父方の祖母	nǎi nai	ㄋㄞˇ ・ㄋㄞ
ㄟ	ei	妹妹	妹	mèi mei	ㄇㄟˋ ・ㄇㄟ
ㄠ	ao	貓	ネコ	māo	ㄇㄠ
ㄡ	ou	狗	イヌ	gǒu	ㄍㄡˇ

注音	ピンイン			使用例	
ㄢ	an	山	山	shān	ㄕㄢ
ㄣ	en	人	人	rén	ㄖㄣˊ
ㄤ	ang	上午	午前	shàng wǔ	ㄕㄤˋ ㄨˇ
ㄥ	eng	朋友	友人	péng yǒu	ㄆㄥˊ ㄧㄡˇ
ㄦ	er	二	2	èr	ㄦˋ
ㄧ	-i/yi	醫生	医者	yī shēng	ㄧ ㄕㄥ
ㄨ	-u/wu	五	5	wǔ	ㄨˇ
ㄩ	-u/ü/yu	魚	魚	yú	ㄩˊ

複母音					
注音	ピンイン			使用例	
ㄧㄚ	-ia (ya)	牙	歯	yá	ㄧㄚˊ
ㄧㄝ	-ie (ye)	姊姊	姉	jiě jie	ㄐㄧㄝˇ ・ㄐㄧㄝ
ㄧㄠ	-iao (yao)	小姐	お嬢さん	xiǎo jiě	ㄒㄧㄠˇ ㄐㄧㄝ
ㄧㄡ	-iu (you)	牛奶	牛乳	niú nǎi	ㄋㄧㄡˊ ㄋㄞˇ
ㄧㄢ	-ian (yan)	麵條	麺	miàn tiáo	ㄇㄧㄢˋ ㄊㄧㄠˊ
ㄧㄣ	-in (yin)	音樂	音楽	yīn yuè	ㄧㄣ ㄩㄝˋ
ㄧㄤ	-iang (yang)	醬油	正油	jiàng yóu	ㄐㄧㄤˋ ㄧㄡˊ
ㄧㄥ	-ing (ying)	蘋果	リンゴ	píng guǒ	ㄆㄧㄥˊ ㄍㄨㄛˇ
ㄨㄚ	-ua (wa)	花	花	huā	ㄏㄨㄚ
ㄨㄛ	-uo (wo)	火車	電車	huǒ chē	ㄏㄨㄛˇ ㄔㄜ
ㄨㄞ	-uai (wai)	筷子	箸	kuài zi	ㄎㄨㄞˋ ・ㄗ
ㄨㄟ	-ui (wei)	水	水	shuǐ	ㄕㄨㄟˇ
ㄨㄢ	-uan (wan)	碗	お椀	wǎn	ㄨㄢˇ
ㄨㄣ	-un (wen)	溫泉	温泉	wēn quán	ㄨㄣ ㄑㄩㄢˊ
ㄨㄤ	-uang (wang)	床	ベッド	chuáng	ㄔㄨㄤˊ
ㄨㄥ	-ong (weng)	空氣	空気	kōng qì	ㄎㄨㄥ ㄑㄧˋ
ㄩㄝ	-üe (yue)	雪	雪	xuě	ㄒㄩㄝˇ
ㄩㄢ	-üan (yuan)	圓	丸い	yuán	ㄩㄢˊ
ㄩㄣ	-ün (yun)	裙子	スカート	qún zi	ㄑㄩㄣˊ ・ㄗ
ㄩㄥ	-iong (yong)	熊	クマ	xióng	ㄒㄩㄥˊ

台湾華語の文法

華語の文法は、英語のような動詞の時制変化 (is/was、go/went/gone) はありません。例えば、過去形「去了」(行った)、現在形「去」(行く)、未来形「會去」(行くはず) のように、時制が変わるときは動詞の前後に動態助詞、能願助詞を置きます。華語と日本語で最も違う部分は語順で、日本語の語順は主語 (S) ＋目的語 (O) ＋動詞 (V) が基本ですが、華語は、主語 (S) ＋動詞 (V) ＋目的語 (O) が基本になります。

例　**我去台灣。**（S+V+O）（私は台湾に行きます）

我 wǒ 私　　　　　**去** qù 行きます　　　　**台灣** Tái wān 台湾
主語 (S)　　　　　　　動詞 (V)　　　　　　　目的語 (O)

ただし、日本語と同じ語順になる場合もあります。

例　**今天很熱。** Jīn tiān hěn rè.（今日はとても暑いです）

1. 華語で主に使う4つの述語文

華語の文は大きく「主語部分」と「述語部分」で構成され、「述語部分」の形態によって以下 **1**～**4** の4つの文に区別されます。

1 動詞述語文 … 述語が「動詞」になる文。
例　**我去。** Wǒ qù.（私は行きます）
例　**我去台灣。** Wǒ qù Tái wān.（私は台湾に行きます）

2 形容詞述語文… 述語が「形容詞」になる文。形容詞の前に「很 hěn」「比較 bǐ jiào」など程度を表す副詞を置く。
例　**今天很熱。** Jīn tiān hěn rè.（今日はとても暑いです）
例　**今天比較冷。** Jīn tiān bǐ jiào lěng.（今日は比較的寒いです）

3 名詞述語文… 述語が名詞や数量詞になる文。曜日、年齢などを表すときに使う。
例　**今天星期一。** Jīn tiān xīng qí yī.（今日は月曜日です）
例　**我二十歲。** Wǒ èr shí suì.（私は20歳です）

4 **主述述語文**… 2つの述語から1つの文になる。

例 **我幫他搬家。** Wǒ bāng tā bān jiā. (彼は私は彼の引っ越しを手伝います)
（「我幫他」＋「他搬家」＝「我幫他搬家」）

5 **非主述文**… 主語や述語がなく1語で表す文。

例 **小心。** Xiǎo xīn. (気をつけて)　**對不起。** Duì bù qǐ. (ごめんなさい)

2. 否定形の「不」と「沒」

「不 bù」と「沒 méi」は、華語の否定形で最も頻繁に使われる副詞ですが、以下のような違いがあります（「不」の声調変化については p.15 参照）。

1 **「不」**… 現在や未来の動作、状態などを否定するときに使う。

例 **我不去臺南。** Wǒ bú qù Tái nán. (私は台南に行きません)
例 **今天不熱。** Jīn tiān bú rè. (今日は暑くありません)

2 **「沒」**… 過去から現在までの動作、所有、存在などを否定する。

例 **我沒去臺南。** Wǒ méi qù Tái nán. (私は台南に行きませんでした)
例 **我沒有時間。** Wǒ méi yǒu shí jiān. (私は時間がありません)

3. 動作を表す「過」と「在」

動詞の時制変化がない華語では、動詞と一緒に、動作の状態を表す「過 guò」や「在 zài」を使って過去の経験や現在進行形の動作を表します。

1 **完了と経験を表す「過」**…「過」は動詞の後ろに置いて動作が過去に完了したか過去に経験があったことを表す。否定形は「沒 (有)…過」、疑問形は文末に「嗎 ma」か「沒有 méi yǒu」を用いる。

例 **我去過台南。** Wǒ qù guò Tái nán. (私は台南に行ったことがあります)
例 **我沒去過台南。** Wǒ méi qù guò Tái nán. (私は台南に行ったことがありません)
例 **你去過台南嗎?** Nǐ qù guò Tái nán ma? (あなたは台南に行ったことがありますか？)

例　**你去過台南沒有？** Nǐ qù guò Tái nán méi yǒu?（あなたは台南に行ったことがありますか？）

2 **動作の進行を表す「在」** … 動詞の前に「在 zài」「正在 zhèng zài」「正 zhèng」、文末に語気助詞「呢 ne」を連用して動作が進行中であることを表す（文末の「呢」は省略可）。否定形は「沒 (有) 在…」、疑問形は文末に「嗎 ma」を用いる。

例　**他正在吃飯呢。** Tā zhèng zài chī fàn ne.（彼はちょうど食事してるところです）
[時間と状態]

例　**他正吃飯呢。** Tā zhèng chī fàn ne.（彼は今食事をしています）[時間を重視]

例　**他在吃飯呢。** Tā zài chī fàn ne.（彼は食事をしています）[状態を重視]

例　**他沒在吃飯。** Tā méi zài chī fàn.（彼は食事をしていません）

例　**他在吃飯嗎？** Tā zài chī fàn ma?（彼は食事をしていますか？）

4.　その他の動作のパターン

1 **過去の事実** … 動詞の後に「了 le」を置いて動作の完了や事実を表す。

例　**我吃了一個飯糰。** Wǒ chī le yí ge fàn tuán.（私はおにぎりを 1 個食べました）

2 **動作の変化** … 文末に「了 le」を置いて動作の変化を表す。

例　**我到台北了。**　Wǒ dào Tái běi le.（台北に着きました）

3 **同じ事柄①** … 動詞の前に「也」を置いて 2 つの事柄が同じであることを表す。

例　**他也去台灣。**　Tā yě qù Tái wān.（彼「も」台湾に行きます）

4 **同じ事柄②** … 動詞の前に「都」を置いて全てが同じということを表す。

例　**我們都是台北人。**　Wǒ men dōu shì Tái běi rén.（私たちは「皆」台北の出身です）

5.　いろいろな補語

「補語」は、動詞（中心語）の後に置いて、動作の程度（速度、深さ、長さなど）や可能性、結果、方向、時間などについて具体的に補足する働きをします。

1 **程度補語** … 「動詞＋得 de ＋形容詞」で動詞の程度を表す。否定形は「動詞＋得＋不＋形容詞」。

例 **他吃得很快。** Tā chī de hěn kuài. (彼は食べるのがとても速い)

例 **他吃得不快。** Tā chī de bú kuài. (彼は食べるのが速くない)

2 **結果補語** … 「動詞＋動詞」、「動詞＋形容詞」で前の動詞の結果を説明する。否定形は通常「没 méi」を結果補語の前に用いる。

例 **吃完了。** Chī wán le. (食べ終わった)

例 **聽錯了。** Tīng cuò le. (聞き間違えた)

例 **没吃完。** Méi chī wán. (食べ終わっていない)

3 **可能補語** … 「動詞＋得＋動詞」で未来の動作が可能かどうかを表す。否定形は「動詞＋不＋動詞」。

例 **吃得完。** Chī de wán. (食べ終えることができる)

例 **吃不完。** Chī bù wán. (食べ終えることができない)

4 **方向補語** … 「動詞＋方向動詞」で前の動詞の方向を示す。否定形は「没 méi」「不 bù」を方向補語の前に置く。

例 **他回來。** Tā huí lái. (彼は帰って来ます)

例 **他不回來。** Tā bù huí lái. (彼は帰って来ません)

例 **他回飯店去。** Tā huí fàn diàn qù. (彼はホテルに戻って行きます)

5 **複合方向補語** … 「動詞＋方向動詞＋方向動詞」で、基本的な使い方は方向補語と同じ。動詞の後ろに2つの方向動詞を用いる。2番目の方向動詞は必ず「去 qù」か「來 lái」を使い、目的語が場所の場合は「去」「來」の前に、ほかの目的語の場合は、どの動詞の後ろに置いてもいい。

例 **走進去。** Zǒu jìn qù. (入って行きます)

例 **走進來。** Zǒu jìn lái. (入って来ます)

例 **走進餐廳去。** Zǒu jìn cān tīng qù. (レストランに入って行きます)

例 **搬一個行李上來。** Bān yí ge xíng lǐ shàng lái. (1つの荷物を運んで来ます)

例 **搬上一個行李來。** Bān shàng yí ge xíng lǐ lái. (1つの荷物を運んで来ます)

例 **搬上來一個行李。** Bān shàng lái yí ge xíng lǐ. (1つの荷物を運んで来ます)

6 **時量補語** … 「動詞＋時間の量」で、動作が発生した時間がどのくらいかを表す。動詞の後ろに「了 le」を置けば過去に発生した時間の量を表し、動詞の後ろと文末にも「了」を置けば過去に発生したことが現在もまだ続いていることを表す（「一」の声調変化については p.15 参照）。

例　**他學了一年中文。** Tā xué le yì nián Zhōng wén. （彼は 1 年中国語を習っていました）

例　**他學了一年中文了。** Tā xué le yì nián Zhōng wén le. （彼は·1 年中国語を習っています）

7 **動量と数量の補語** … 動作の回数や、2つの事物を比較したときの具体的な差を表す（比較文は次項を参照）。

例　**我看過一次。** Wǒ kàn guò yí cì. （私は 1 回見たことがあります）

例　**我去過臺灣一次。** Wǒ qù guò Tái wān yí cì. （私は台湾に 1 回行ったことがあります）

例　**炒飯比炒麵貴十元。** Chǎo fàn bǐ chǎo miàn guì shí yuán.

（チャーハンは焼きそばより 10 元高い）

6. 比較文

華語でよく使われる比較文は、「比 bǐ(比べて)」を使った表現です。2つを比較して同じようなレベルであったときは「一樣 yí yàng(同じ)」を使います。

1 **「比」（両者の差）** … 「A比B ＋結果 (形容詞)」。前置詞「比 bǐ」を比べる 2 つの間に、その後ろに比較した結果を置く。結果はAの状態を表す。さらに具体的に表すときは数量を結果の後ろに置く。

例　**他比你小。** Tā bǐ nǐ xiǎo. （彼はあなたより年下です）

例　**他比你小一歲。** Tā bǐ nǐ xiǎo yí suì. （彼はあなたより 1 歳年下です）

2 **「～跟…一樣」（～は…と同じ)** … 「A跟B ＋一樣＋結果 (形容詞)」。2 つの間に「跟 gēn」を置き、その後ろに「一樣 yí yàng ＋結果」を用いて 2 つが同じ状態であることを表す。否定形は「跟」か「一樣」の前に「不」を用いる。

例　**你的車跟他的車一樣。** Nǐ de chē gēn tā de chē yí yàng.

（あなたの車は彼の車と同じ）

例　**你的車不跟他的車一樣。** Nǐ de chē bù gēn tā de chē yí yàng.

（あなたの車は彼の車と同じではありません）

例 **你的車跟他的車**不一樣。 Nǐ de chē gēn tā de chē bù yí yàng.

(あなたの車は彼の車と同じではありません)

7. 存在を表す「有」と「是」

1「**有**」…「〜がある、〜がいる、〜を持っている」など所有や存在を表し、否定形は「沒 (有) méi yǒu」。「不有 bù yǒu」という言い方はない。

例 **我有日幣**。 Wǒ yǒu Rì bì. (私は日本の貨幣を持っています)

例 **我沒有台幣**。 Wǒ méi yǒu Tái bì. (私は台湾の貨幣を持っていません)

例 **洗手間有人**。 Xǐ shǒu jiān yǒu rén. (お手洗いに人がいます)

2「**是**」…「A = B」の形で使う。否定形は「不是 bú shì」。「沒是 méi shì」という言い方はない。

例 **我是日本人**。 Wǒ shì Rì běn rén. (私は日本人です)

例 **我不是台灣人**。 Wǒ bú shì Tái wān rén. (私は台湾人ではありません)

「是」を使った「是…的」という表現は、すでに発生した動作の時間や場所などを強調したいときに用いる。「是」は主語の後ろに、「的 de」は文末に置く。

例 **我是昨天來臺灣的**。 Wǒ shì zuó tiān lái Tái wān de. (私は昨日台湾に来ました)

例 **我是坐高鐵來的**。 Wǒ shì zuò Gāo tiě lái de. (私は高鉄で来ました)

8. 人称代名詞と指示代名詞

人称代名詞の後ろに「們 men」を付けると複数形になります。「你 nǐ」は男性にも女性にも用いることができます。「他 tā」は男性、「妳 nǐ」「她 tā」は女性です。指示代名詞の「これ (近称)」は「這 zhè」、「それ、あれ (遠称)」は「那 nà」、疑問形の「どれ」は「哪 nǎ」を使います。

■ 人称代名詞の一覧表

	第一人称	第二人称	第三人称
単数	我 wǒ (わたし)	你 nǐ　妳 nǐ (女性専用第二人称) 您 nín (あなた＝你の敬称)	他 tā (彼)　她 tā (彼女) 祂 tā (神様用の第三人称)　牠 tā (動物用の第三人称) 它 tā (それ、あれ)

32

台湾華語の基礎

Chapter 1 台湾華語の基礎

Chapter 2 基礎フレーズ

Chapter 3 機内と入国

Chapter 4 宿泊

Chapter 5 移動

複数形	我們 wǒ men （わたしたち）	你們 nǐ men （あなたたち） 妳們 nǐ men （彼女たち）	您們 nín men（あなたたち）　他們 tā men（彼ら） 她們 tā men（彼女たち）　祂們 tā men（神様たち） 牠們 tā men（動物たち） 它們 tā men（それら）

■ 指示代名詞の一覧表

近称	遠称	疑問形
這 zhè（これ） 這個 zhè ge（これ） 這裡 zhè lǐ（ここ） 這麼 zhè me（こんな） 這些 zhè xiē（これら）	那 nà（あれ） 那個 nà ge（あれ） 那裡 nà lǐ（あそこ） 那麼 nà me（あんな） 那些 nà xiē（それら）	哪 nǎ（どれ） 哪個 nǎ ge（どれ） 哪裡 nǎ lǐ（どこ） 哪些 nǎ xiē（どれら）

9. よく使う5つの疑問文

1 **疑問文「嗎」** … 文末に「嗎 ma」を付けると疑問文になる。

　例　**你是台灣人**嗎？ Nǐ shì Tái wān rén ma?（あなたは台湾人ですか？）

　例　**他是導遊**嗎？ Tā shì dǎo yóu ma?（彼はガイドさんですか？）

2 **疑問代名詞「誰」「什麼」など** … 疑問代名詞を用いた疑問文の語順は、述語文と同じで質問したい部分に疑問代名詞の「誰 shéi」「什麼 shén me」などを置く。

　例　**誰是導遊**？ Shéi shì dǎo yóu?（誰がガイドさんですか？）

　例　**這是什麼**？ Zhè shì shén me?（これは何ですか？）

3 **選択疑問文「～還是～？」** … A「還是 hái shì」B? は、2つから1つを選択するときの疑問文。

　例　**你喝咖啡還是紅茶**？ Nǐ hē kā fēi hái shì hóng chá?
　　　　　　（あなたはコーヒーを飲みますか、それとも紅茶を飲みますか？）

4 **反復疑問文** … 肯定と否定を組み合わせた疑問文。相手からイエスかノーの返事がほしいときに用いる。

　例　**你是不是導遊**？ Nǐ shì bú shì dǎo yóu?（あなたはガイドさんでしょ？）

5 「呢」という疑問文 … 何か前提条件があって、名詞の後に「呢? ne」を付ける。

> 例　**我喝啤酒，你呢？** Wǒ hē pí jiǔ, nǐ ne? （私はビールにしますが、あなたは？）

10. 能願助動詞

動詞に能力、願望、要求、許可などの意味を付け加えたいときに使う助動詞を「能願助動詞」と言います。能願助動詞は動詞の前に置きます。

1 「會」…「會 huì（できる）」は学習によって身につけた能力を表す。

> 例　**我會說華語。** Wǒ huì shuō Huá yǔ. （私は華語を話すことができます）

2 「能」…「能 néng（できる）」はある範囲や条件に到達しているときに用いる。

> 例　**我能喝一瓶酒。** Wǒ néng hē yì píng jiǔ.
> 　　　　　　　　　　　　　　（私は酒を一瓶飲むことができます）

3 「想」…「想〜 xiǎng（〜したい）」は願望を表す。

> 例　**我想吃素食便當。** Wǒ xiǎng chī sù shí biàn dāng.
> 　　　　　　　　　　　　　　（私はベジタリアン食の弁当が食べたいです）

4 「願意」…「願意〜 yuàn yì（〜したい）」は意志を表す。

> 例　**我願意參加。** Wǒ yuàn yì cān jiā. （私は参加したいです）

5 「要」…「要〜 yào（〜がしたい、〜が欲しい）」は、要求したい場合に用いる。

> 例　**我要預約。** Wǒ yào yù yuē. （私は予約したい）

6 「可以」…「可以 kěyǐ（できる）」は許可を求めるときに用いる。

> 例　**可以取消嗎？** Kě yǐ qǔ xiāo ma? （取り消しできますか？）

基礎フレーズ

1. 挨拶 🔊 018

你好	nǐ hǎo ㄋㄧˇ ㄏㄠˇ	こんにちは
你好嗎？	nǐ hǎo ma ㄋㄧˇ ㄏㄠˇ ˙ㄇㄚ	元気ですか？
大家好	dà jiā hǎo ㄉㄚˋ ㄐㄧㄚ ㄏㄠˇ	皆さんこんにちは

＊最初に会ったときは「你好」、元気かどうか尋ねるのは「你好嗎？」、相手が大勢のときは「大家好」

您好	nín hǎo ㄋㄧㄣˊ ㄏㄠˇ	こんにちは（目上の人に）
再見	zài jiàn ㄗㄞˋ ㄐㄧㄢˋ	さようなら
我叫～	wǒ jiào ㄨㄛˇ ㄐㄧㄠˋ	私は～といいます 我叫田中「私は田中といいます」

早安	zǎo ān ㄗㄠˇ ㄢ	おはよう
晚安	wǎn ān ㄨㄢˇ ㄢ	おやすみなさい
加油	jiā yóu ㄐㄧㄚ ㄧㄡˊ	がんばって
好久不見	hǎo jiǔ bú jiàn ㄏㄠˇㄐㄧㄡˇㄅㄨˊㄐㄧㄢˋ	お久しぶりです
請多指教	qǐng duō zhǐ jiào ㄑㄧㄥˇ ㄉㄨㄛ ㄓˇ ㄐㄧㄠˋ	よろしくお願いします
辛苦了	xīn kǔ le ㄒㄧㄣ ㄎㄨˇ ˙ㄌㄜ	おつかれさま
我先走了	wǒ xiān zǒu le ㄨㄛˇ ㄒㄧㄢ ㄗㄡˇ ˙ㄌㄜ	お先に失礼します

2. 返事 🔊 019

是 / 是的	shì / shì de ㄕˋ / ㄕˋ ˙ㄉㄜ	はい / そうです
對 / 不對	duì / bú duì ㄉㄨㄟˋ / ㄅㄨˊ ㄉㄨㄟˋ	そうです / 違います

＊「是」は単にイエスかノーか聞かれたとき、「對」は質問の内容が「合っている、正解である」という意味を含む。

不 / 不是	bù / bú shì ㄅㄨˋ / ㄅㄨˊ ㄕˋ	いいえ / 違います
好 / 不好	hǎo / bù hǎo ㄏㄠˇ / ㄅㄨˋ ㄏㄠˇ	いいです / よくありません
謝謝	xiè xie ㄒㄧㄝˋ ˙ㄒㄧㄝ	ありがとう
不客氣	bú kè qì ㄅㄨˊ ㄎㄜˋ ㄑㄧˋ	どういたしまして
不會	bú huì ㄅㄨˊ ㄏㄨㄟˋ	どういたしまして

＊「不客氣」は丁寧な言い方、「不會」は「いえいえ～」というニュアンス。台湾では「不會」をよく使う。

明白了	míng bái le ㄇㄧㄥˊ ㄅㄞˊ ˙ㄌㄜ	分かりました
聽不懂	tīng bù dǒng ㄊㄧㄥ ㄅㄨˋ ㄉㄨㄥˇ	分かりません（聞き取れません）

不好意思	bù hǎo yì si ㄅㄨˋ ㄏㄠˇ ㄧˋ ˙ㄙ	すみません
對不起	duì bù qǐ ㄉㄨㄟˋ ㄅㄨˋ ㄑㄧˇ	ごめんなさい

＊「不好意思」は誰かに対しての"エクスキューズミー"のニュアンス、「對不起」は申し訳なく思い謝りたいとき。

可以 / 不可以	kě yǐ / bù kě yǐ ㄎㄜˇ ㄧˇ / ㄅㄨˋ ㄎㄜˇ ㄧˇ	できます / できません
行 / 不行	xíng / bù xíng ㄒㄧㄥˊ / ㄅㄨˋ ㄒㄧㄥˊ	できます / できません
要 / 不要	yào / bú yào ㄧㄠˋ / ㄅㄨˊ ㄧㄠˋ	いります / いりません
有 / 沒有	yǒu / méi yǒu ㄧㄡˇ / ㄇㄟˊ ㄧㄡˇ	あります / ありません
知道 / 不知道	zhī dào / bù zhī dào ㄓ ㄉㄠˋ / ㄅㄨˋ ㄓ ㄉㄠˋ	分かりました / 分かりません
沒關係	méi guān xī ㄇㄟˊ ㄍㄨㄢ ㄒㄧ	かまいません
沒問題	méi wèn tí ㄇㄟˊ ㄨㄣˋ ㄊㄧˊ	問題ありません

＊「沒關係」は「気にしなくていい、かまわないよ」、「沒問題」は「大丈夫、問題ありません」というニュアンス。

3. 質問

🔊 020

誰？	shéi ㄕㄟˊ	誰？
什麼？	shén me ㄕㄣˊ・ㄇㄜ	何？
什麼時候？	shén me shí hòu ㄕㄣˊ・ㄇㄜ ㄕˊ ㄏㄡˋ	いつ？
什麼地方？	shén me dì fāng ㄕㄣˊ・ㄇㄜ ㄉㄧˋ・ㄈㄤ	どこ？
哪裡？	nǎ lǐ ㄋㄚˇ ㄌㄧˇ	どこ？

*「哪裡」は「什麼地方」より砕けた表現で、口語でよく使う。
「什麼地方」には「どんなところ」という意味もある。

為什麼？	wèi shén me ㄨㄟˋ ㄕㄣˊ・ㄇㄜ	なぜ？
怎麼樣？	zěn me yàng ㄗㄣˇ・ㄇㄜ 一ㄤˋ	どう？
多少錢？	duō shǎo qián ㄉㄨㄛ ㄕㄠˇ ㄑ一ㄢˊ	いくら？

哪個？	nǎ ge ㄋㄚˇ・ㄍㄜ	どれ？
幾個人？	jǐ ge rén ㄐ一ˇ・ㄍㄜ ㄖㄣˊ	何人？
幾點？	jǐ diǎn ㄐ一ˇ ㄉ一ㄢˇ	何時？
可以嗎？	kě yǐ ma ㄎㄜˇ 一ˇ・ㄇㄚ	できますか？
有別的嗎？	yǒu bié de ma 一ㄡˇ ㄅ一ㄝˊ・ㄉㄜ・ㄇㄚ	別のありますか？
怎麼走？	zěn me zǒu ㄗㄣˇ・ㄇㄜ ㄗㄡˇ	どう行く？（道順）
怎麼去？	zěn me qù ㄗㄣˇ・ㄇㄜ ㄑㄩˋ	どう行く？（交通手段）
你叫什麼名字？	nǐ jiào shén me míng zi ㄋ一ˇ ㄐ一ㄠˋ ㄕㄣˊ・ㄇㄜ ㄇ一ㄥˊ・ㄗ	お名前は？

4. 基本動詞

🔊 021

吃	chī ㄔ	食べる
喝	hē ㄏㄜ	飲む
玩	wán ㄨㄢˊ	遊ぶ
買	mǎi ㄇㄞˇ	買う
賣	mài ㄇㄞˋ	売る
來	lái ㄌㄞˊ	来る
去	qù ㄑㄩˋ	行く
到	dào ㄉㄠˋ	着く / 行く
跑	pǎo ㄆㄠˇ	走る
走	zǒu ㄗㄡˇ	歩く

坐	zuò ㄗㄨㄛˋ	座る
上車	shàng chē ㄕㄤˋ ㄔㄜ	（車に）乗る
下車	xià chē ㄒ一ㄚˋ ㄔㄜ	（車を）降りる
說	shuō ㄕㄨㄛ	言う
看	kàn ㄎㄢˋ	見る
見	jiàn ㄐ一ㄢˋ	会う / 見る
找	zhǎo ㄓㄠˇ	探す / 訪ねる
穿	chuān ㄔㄨㄢ	着る
脫	tuō ㄊㄨㄛ	脱ぐ
加	jiā ㄐ一ㄚ	加える

放	fàng ㄈㄤˋ	置く
寫	xiě ㄒㄧㄝˇ	書く
開	kāi ㄎㄞ	（ドアを）開ける （電気を）つける
關	guān ㄍㄨㄢ	（ドアを）閉める （電気を）消す
拿	ná ㄋㄚˊ	持つ

住	zhù ㄓㄨˋ	住む
等	děng ㄉㄥˇ	待つ
學	xué ㄒㄩㄝˊ	学ぶ
試	shì ㄕˋ	試す

5. 基本形容詞　🔊 022

太	dà ㄉㄚˋ	大きい
小	xiǎo ㄒㄧㄠˇ	小さい
多	duō ㄉㄨㄛ	多い
少	shǎo ㄕㄠˇ	少ない
新	xīn ㄒㄧㄣ	新しい
舊	jiù ㄐㄧㄡˋ	古い
快	kuài ㄎㄨㄞˋ	（スピードが）速い
慢	màn ㄇㄢˋ	（スピードが）遅い
早	zǎo ㄗㄠˇ	（時間が）早い
晚	wǎn ㄨㄢˇ	（時間が）遅い
高	gāo ㄍㄠ	（身長・物が）高い
低	dī ㄉㄧ	（物が）低い
矮	ǎi ㄞˇ	（身長が）低い
遠	yuǎn ㄩㄢˇ	遠い
近	jìn ㄐㄧㄣˋ	近い

寬	kuān ㄎㄨㄢ	広い
窄	zhǎi ㄓㄞˇ	狭い
貴	guì ㄍㄨㄟˋ	（値段が）高い
便宜	pián yí ㄆㄧㄢˊ ㄧˊ	安い
好	hǎo ㄏㄠˇ	よい、いい
壞	huài ㄏㄨㄞˋ	悪い
可愛	kě ài ㄎㄜˇ ㄞˋ	かわいい
漂亮	piào liàng ㄆㄧㄠˋ ㄌㄧㄤˋ	きれい、美しい
好看	hǎo kàn ㄏㄠˇ ㄎㄢˋ	（目で見て）美しい

＊「漂亮」は容貌、風景、洋服の色彩がきれい。「好看」は見て心地よい、洋服がよく似合っているときなど

好聽	hǎo tīng ㄏㄠˇ ㄊㄧㄥ	（音楽や歌など、耳で聴いて）すばらしい
帥	shuài ㄕㄨㄞˋ	ハンサム
酷	kù ㄎㄨˋ	かっこいい（クール）
有意思	yǒu yì si ㄧㄡˇ ㄧˋ ˙ㄙ	おもしろい
痛	tòng ㄊㄨㄥˋ	痛い

6. 方向

右邊	yòu biān ㄧㄡˋ ㄅㄧㄢ	右側
左邊	zuǒ biān ㄗㄨㄛˇ ㄅㄧㄢ	左側
東邊	dōng biān ㄉㄨㄥ ㄅㄧㄢ	東側
西邊	xī biān ㄒㄧ ㄅㄧㄢ	西側
南邊	nán biān ㄋㄢˊ ㄅㄧㄢ	南側
北邊	běi biān ㄅㄟˇ ㄅㄧㄢ	北側
前邊	qián biān ㄑㄧㄢˊ ㄅㄧㄢ	前方
後邊	hòu biān ㄏㄡˋ ㄅㄧㄢ	後方
上邊	shàng biān ㄕㄤˋ ㄅㄧㄢ	上方
下邊	xià biān ㄒㄧㄚˋ ㄅㄧㄢ	下方
裡邊	lǐ biān ㄌㄧˇ ㄅㄧㄢ	内側
外邊	wài biān ㄨㄞˋ ㄅㄧㄢ	外側
旁邊	páng biān ㄆㄤˊ ㄅㄧㄢ	そば
中間	zhōng jiān ㄓㄨㄥ ㄐㄧㄢ	真ん中
對面	duì miàn ㄉㄨㄟˋ ㄇㄧㄢˋ	向かい側
附近	fù jìn ㄈㄨˋ ㄐㄧㄣˋ	付近

7. 数

零	líng ㄌㄧㄥˊ	0
一	yī ㄧ	1
二 / 兩	èr / liǎng ㄦˋ / ㄌㄧㄤˇ	2

*序数を表すときは「二」(第二次) [例外:時間は「兩」(一點、兩點、三點…)]、分量を表すときは「兩」(兩天、兩個)。2 桁以上の分量は「二」(十二天)。

三	sān ㄙㄢ	3
四	sì ㄙˋ	4
五	wǔ ㄨˇ	5
六	liù ㄌㄧㄡˋ	6
七	qī ㄑㄧ	7
八	bā ㄅㄚ	8
九	jiǔ ㄐㄧㄡˇ	9
十	shí ㄕˊ	10
十一	shí yī ㄕˊ ㄧ	11
十二	shí èr ㄕˊ ㄦˋ	12
百	bǎi ㄅㄞˇ	100
千	qiān ㄑㄧㄢ	1000
萬	wàn ㄨㄢˋ	万
億	yì ㄧˋ	億
一百零一	yì bǎi líng yī ㄧˋ ㄅㄞˇ ㄌㄧㄥˊ ㄧ	101
一百一十	yì bǎi yī shí ㄧˋ ㄅㄞˇ ㄧ ㄕˊ	110

8. 時間

🔊 025

時	一分 / 一分鐘	yì fēn / yì fēn zhōng ー、ㄈㄣ／ー、ㄈㄣ ㄓㄨㄥ	1分／ 1分間
	兩分 / 兩分鐘	liǎng fēn / liǎng fēn zhōng ㄌㄧㄤ丶ㄈㄣ／ ㄌㄧㄤ丶ㄈㄣ ㄓㄨㄥ	2分／ 2分間
	一刻 / 一刻鐘	yí kè / yí kè zhōng ー、ㄎㄜ丶／ ー、ㄎㄜ丶 ㄓㄨㄥ	15分／ 15分間

*「一刻(鐘)」は 15 分(間)[十五分(鐘) shí wǔ fēn (zhōng)]、三刻(鐘) = 45 分(間)

	幾分 / 幾分鐘?	jǐ fēn / jǐ fēn zhōng ㄐㄧ丶ㄈㄣ／ ㄐㄧ丶ㄈㄣ ㄓㄨㄥ	何分？／ 何分間？
	一個鐘頭	yí ge zhōngtóu ー、·ㄍㄜ ㄓㄨㄥ ㄊㄡˊ	1 時間
	半個鐘頭	bàn ge zhōngtóu ㄅㄢ丶·ㄍㄜ ㄓㄨㄥ ㄊㄡˊ	30 分

*「鐘頭」は「小時 xiǎoshí」と表現することもある。
「24 時間」は「24 小時 èr shí sì xiǎo shí」と表すのが一般的。

日	一號	yī hào ー ㄏㄠ丶	1 日 (カレンダーの日)
	二號	èr hào ㄦ丶 ㄏㄠ丶	2 日
	幾號?	jǐ hào ㄐㄧ丶 ㄏㄠ丶	何日？
	幾天?	jǐ tiān ㄐㄧ丶 ㄊㄧㄢ	何日間？

*「幾號」は日付、どの日 (今天幾月幾號？＝今日は何月何日ですか？)
「幾天」は時間の量を聞くとき (能住幾天？＝何日宿泊できますか？ 幾天前＝数日前)

	昨天	zuó tiān ㄗㄨㄛˊ ㄊㄧㄢ	昨日
	今天	jīn tiān ㄐㄧㄣ ㄊㄧㄢ	今日
	明天	míng tiān ㄇㄧㄥˊ ㄊㄧㄢ	明日
	哪天	nǎ tiān ㄋㄚ丶 ㄊㄧㄢ	どの日？
	半天	bàn tiān ㄅㄢ丶 ㄊㄧㄢ	半日
	一天	yì tiān ー、 ㄊㄧㄢ	1 日(長さ)

	一天半	yì tiān bàn ー、 ㄊㄧㄢ ㄅㄢ丶	1 日半
	一天多	yì tiān duō ー、 ㄊㄧㄢ ㄉㄨㄛ	1 日以上
週	星期一	xīng qí yī ㄒㄧㄥ ㄑㄧˊ ー	月曜日
	星期二	xīng qí èr ㄒㄧㄥ ㄑㄧˊ ㄦ丶	火曜日
	星期三	xīng qí sān ㄒㄧㄥ ㄑㄧˊ ㄙㄢ	水曜日
	星期四	xīng qí sì ㄒㄧㄥ ㄑㄧˊ ㄙ丶	木曜日
	星期五	xīng qí wǔ ㄒㄧㄥ ㄑㄧˊ ㄨ丶	金曜日
	星期六	xīng qí liù ㄒㄧㄥ ㄑㄧˊ ㄌㄧㄡ丶	土曜日
	星期日 / 天	xīng qí rì/tiān ㄒㄧㄥ ㄑㄧˊ ㄖˋ/ㄊㄧㄢ	日曜日
	上 (個) 星期	shàng (ge) xīng qí ㄕㄤ丶(·ㄍㄜ) ㄒㄧㄥ ㄑㄧˊ	先週
	這 (個) 星期	zhè (ge) xīng qí ㄓㄜ丶(·ㄍㄜ) ㄒㄧㄥ ㄑㄧˊ	今週
	下 (個) 星期	xià (ge) xīng qí ㄒㄧㄚ丶(·ㄍㄜ) ㄒㄧㄥ ㄑㄧˊ	来週
	一 (個) 星期	yì (ge) xīng qí ー、(·ㄍㄜ) ㄒㄧㄥ ㄑㄧˊ	1 週間

*「個」を省略せず入れて「一個星期 yí xīng qí」と言うときは「一」が二声になることに注意。

	兩個星期	liǎng ge xīng qí ㄌㄧㄤ丶·ㄍㄜ ㄒㄧㄥ ㄑㄧˊ	2 週間
	幾(個) 星期?	jǐ (ge) xīng qí ㄐㄧ丶(·ㄍㄜ) ㄒㄧㄥ ㄑㄧˊ	何週間？

*「星期」は「禮拜 lǐbài」と表現することもある。
(星期一 ＝ 禮拜一、上個星期 ＝ 上個禮拜)

月	一月	yī yuè ー ㄩㄝ丶	1 月

*「月」の前に p.39 の数を入れれば 12 月まで言える。

	幾月?	jǐ yuè ㄐㄧ丶 ㄩㄝ丶	何月？
	上個月	shàng ge yuè ㄕㄤ丶·ㄍㄜ ㄩㄝ丶	先月
	這個月	zhè ge yuè ㄓㄜ丶·ㄍㄜ ㄩㄝ丶	今月

下個月	xià ge yuè ㄒㄧㄚˋ·ㄍㄜ ㄩㄝˋ	来月
一個月	yí ge yuè ㄧˊ·ㄍㄜ ㄩㄝˋ	1カ月
一個多月	yí ge duō yuè ㄧˊ·ㄍㄜ ㄉㄨㄛ ㄩㄝˋ	1カ月 以上
兩個月	liǎng ge yuè ㄌㄧㄤˇ·ㄍㄜ ㄩㄝˋ	2カ月
半個月	bàn ge yuè ㄅㄢˋ·ㄍㄜ ㄩㄝˋ	半月
幾個月?	jǐ ge yuè ㄐㄧˇ·ㄍㄜ ㄩㄝˋ	何カ月?

年	一年	yì nián ㄧˋ ㄋㄧㄢˊ	1年
	半年	bàn nián ㄅㄢˋ ㄋㄧㄢˊ	半年
	一年多	yì nián duō ㄧˋ ㄋㄧㄢˊ ㄉㄨㄛ	1年以上
	一年半	yì nián bàn ㄧˋ ㄋㄧㄢˊ ㄅㄢˋ	1年半
	兩年	liǎng nián ㄌㄧㄤˇ ㄋㄧㄢˊ	2年
	幾年?	jǐ nián ㄐㄧˇ ㄋㄧㄢˊ	何年?

9. 量詞

🔊 026

元 / 塊	yuán / kuài ㄩㄢˊ/ㄎㄨㄞˋ	台湾の貨幣単位・元 一百元(塊):100 台湾ドル
個	ge ·ㄍㄜ	人やもの
本	běn ㄅㄣˇ	書籍
張	zhāng ㄓㄤ	平らなもの (切符、紙など)
枝	zhī ㄓ	棒状のもの (ペン、鉛筆など)
輛	liàng ㄌㄧㄤˋ	車、バイク、バスなど
把	bǎ ㄅㄚˇ	握るところがある道具 (傘、ナイフ、椅子など)
雙	shuāng ㄕㄨㄤ	一対で使うもの (箸、靴など)
件	jiàn ㄐㄧㄢˋ	衣服、事柄
次	cì ㄘˋ	回数
包	bāo ㄅㄠ	個装されたもの (チョコレート、ポケットティッシュなど)
杯	bēi ㄅㄟ	容器に入った飲料 (グラス、コップなど)

串	chuàn ㄔㄨㄢˋ	1本に複数のものがついたもの (バナナ、ぶどうなど)
種	zhǒng ㄓㄨㄥˇ	種類
片	piàn ㄆㄧㄢˋ	薄くて平べったいもの (木の葉、スライスしたものなど)
套	tào ㄊㄠˋ	セットになったもの (家具、寝具など)
顆	kē ㄎㄜ	丸みのある球体のもの (米、豆、星など)
份	fèn ㄈㄣˋ	料理のセット、数個で1セットトのもの
袋	dài ㄉㄞˋ	袋に入ったもの (ラーメン、お菓子など)
罐	guàn ㄍㄨㄢˋ	缶に入ったもの
瓶	píng ㄆㄧㄥˊ	ビンに入ったもの
碗	wǎn ㄨㄢˇ	お碗に盛ったもの
盤	pán ㄆㄢˊ	お皿に盛った料理

41

爸爸	bà ba ㄅㄚˋ・ㄅㄚ	父
媽媽	mā ma ㄇㄚ・ㄇㄚ	母
哥哥	gē ge ㄍㄜ・ㄍㄜ	兄
姊姊	jiě jie ㄐㄧㄝˇ・ㄐㄧㄝ	姉
弟弟	dì di ㄉㄧˋ・ㄉㄧ	弟
妹妹	mèi mei ㄇㄟˋ・ㄇㄟ	妹
爺爺	yé ye ㄧㄝˊ・ㄧㄝ	父方の祖父
奶奶	nǎi nai ㄋㄞˇ・ㄋㄞ	父方の祖母
外公	wài gōng ㄨㄞˋ ㄍㄨㄥ	母方の祖父

外婆	wài pó ㄨㄞˋ ㄆㄛˊ	母方の祖母
先生 / 老公	xiān shēng / lǎo gōng ㄒㄧㄢ ㄕㄥ／ㄌㄠˇ ㄍㄨㄥ	夫
太太 / 老婆	tài tai / lǎo pó ㄊㄞˋ・ㄊㄞ／ㄌㄠˇ ㄆㄛˊ	妻
女兒	nǚ ér ㄋㄩˇ ㄦˊ	娘
兒子	ér zi ㄦˊ・ㄗ	息子
朋友	péng yǒu ㄆㄥˊ ㄧㄡˇ	友人
男朋友	nán péng yǒu ㄋㄢˊ ㄆㄥˊ ㄧㄡˇ	恋人（男性）
女朋友	nǚ péng yǒu ㄋㄩˇ ㄆㄥˊ ㄧㄡˇ	恋人（女性）
同事	tóng shì ㄊㄨㄥˊ ㄕˋ	同僚

＊家族や親戚の呼称は、細かい続柄（父方か母方か、姉の夫か妹の夫か、兄の息子か姉の息子か…など）によって違うため、親戚を表す言葉はほかにもたくさんある。

＊「こちらは私の母です」と紹介するときは、「這是我媽媽 Zhè shì wǒ mā ma」と言う。

＊「彼女は私の友人です」は、「她是我的朋友 Tā shì wǒ de péng yǒu」と言う。

台湾元（ニュー台湾ドル）の種類

台湾のお金の正式名称は「新臺幣 Xīn Tái bì」で、NTD / NT$ / NT / TWD と表記されます。単位は「元 yuán」ですが、口語では「塊 kuài」と言うことが多いです。

	一千塊 / 元	yì qiān kuài/yuán	1000 元
紙幣	五百塊 / 元	wǔ bǎi kuài/yuán	500 元
	一百塊 / 元	yì bǎi kuài /yuán	100 元
硬貨	五十塊 / 元	wǔ shí kuài /yuán	50 元
	十塊 / 元	shí kuài /yuán	10 元
	五塊 / 元	wǔ kuài /yuán	5 元
	一塊 / 元	yí kuài /yì yuán*	1 元

＊「一塊」と「一元」は「一」の声調が変化するので注意。

（紙幣には、ほかに 2000元と 200元があるが、現在はほとんど流通していない）

Chapter

3

● 機内と入国

機内①

：日本人　：客室乗務員

台湾行きの飛行機では乗務員さんのほとんどが日本語を話せますが、台湾人の方からサービスを受けるときには「你好 nǐ hǎo」「謝謝 xiè xie」などの台湾華語（以下「華語」）を使って話してみましょう。台湾に着いてからも華語が口から出てくるよう、機内ではなるべく華語を使って会話するのがおすすめです。以下は、機内で欲しいものを伝えるときのやりとりです。

基本会話　🔊 028

 ❶ 請　給　我　毛　毯 。
ㄑㄧㄥˇ ㄍㄟˇ ㄨㄛˇ ㄇㄠˊ ㄊㄢˇ
Qǐng gěi wǒ máo tǎn.

ブランケット（毛布）をください。

---

 ❷ 好 。 要　不　要　枕　頭 ？
ㄏㄠˇ　　ㄧㄠˋ ㄅㄨˊ ㄧㄠˋ ㄓㄣˇ ㄊㄡˊ
Hǎo. Yào bú yào zhěn tóu?

はい。枕はいりますか？

---

 ❸ 不　要 。 謝　謝 。
ㄅㄨˊ ㄧㄠˋ　　ㄒㄧㄝˋ ·ㄒㄧㄝ
Bú yào. Xiè xie.

いりません。ありがとうございます。

---

 ❹ 不　客　氣 。
ㄅㄨˊ ㄎㄜˋ ㄑㄧˋ
Bú kè qì.

どういたしまして。

---

❶ 請給我～ =「私に～をください」、毛毯 =「毛布」　❷ 好 =「はい」、要不要？ =「いりますか？」。[要（いる = 肯定形）＋不要（いらない = 否定形）] で反復疑問文になる。枕頭 =「枕」　❸ 謝謝 =「ありがとうございます」　❹ 不客氣 =「どういたしまして」

44

置き換え練習　🔊029

ㄑㄧㄥˇ　ㄍㄟˇ　ㄨㄛˇ
請 給 我 ～ 。　(私に)～をください。
Qǐng　gěi　wǒ

解説　請給我～「(私に)～をください」は、相手から何かをもらいたいときに用いる表現。

置き換え単語

ㄇㄠˊ　ㄊㄢˇ
❶ 毛 毯
máo tǎn
🔖 ブランケット（毛布）　▶請給我毛毯。

ㄦˇ　ㄐㄧ
❷ 耳 機
ěr jī
🔖 イヤホン　▶請給我耳機。

ㄊㄨㄛ　ㄒㄧㄝˊ
❸ 拖 鞋
tuō xié
🔖 スリッパ　▶請給我拖鞋。

ㄓㄣˇ　ㄊㄡˊ
❹ 枕 頭
zhěn tóu
🔖 枕　▶請給我枕頭。

ㄖㄨˋ　ㄐㄧㄥˋ　ㄅㄧㄠˇ　ㄍㄜˊ
❺ 入 境 表 格
rù jìng biǎo gé
🔖 入国カード　▶請給我入境表格。

ㄖˋ　ㄅㄣˇ　ㄅㄠˋ　ㄓˇ
❻ 日 本 報 紙
Rì běn bào zhǐ
🔖 日本の新聞　▶請給我日本報紙。

❻ **入境表格**（入国カード。**入境卡** rù jìng kǎ でも可）は、台湾に入国する際に必要な用紙で、機内でももらえる。台湾到着前に用意したほうがスムーズに入国の手続きができる（p.58 参照）。

機内②

機内食は通常の機内食のほか、特別機内食を選ぶことができます。特別機内食は、健康上や宗教上の理由に配慮して一般の機内食とは違う食材や調理法を採用した食事です。航空会社によって種類は違いますが、台湾の航空会社なら中華、西洋、インド風、野菜のみ、果物のみなどが用意されています。アルコール類にもさまざまな種類があるので、以下のフレーズを使ってどんな選択肢があるのか確認してみてください。

基本会話　🔊 030

 ❶ 有　沒　有　日　本　啤　酒？

ー又ˇ　ㄇㄟˊ　ー又ˇ　ㄖˋ　ㄅㄣˇ　ㄆーˊ　ㄐー又ˇ

Yǒu méi yǒu Rì běn pí jiǔ?

日本のビールありますか？

---

 ❷ 有　麒　麟　和　惠　比　壽　啤　酒。

ー又ˇ　ㄑーˊ　ㄌーㄣˊ　ㄏㄢˋ　ㄏㄨㄟˋ　ㄅーˇ　ㄕㄡˋ　ㄆーˊ　ㄐー又ˇ

Yǒu Qí lín hàn Huì bǐ shòu pí jiǔ.

キリンとエビスがあります。

---

 ❸ 請　給　我　麒　麟　啤　酒。

ㄑーㄥˇ　ㄍㄟˇ　ㄨㄛˇ　ㄑーˊ　ㄌーㄣˊ　ㄆーˊ　ㄐー又ˇ

Qǐng gěi wǒ Qí lín pí jiǔ.

キリンビールをください。

---

 ❹ 好。

ㄏㄠˇ

Hǎo.

分かりました。

---

❶ **有沒有~？**=「~ありますか？」。[有（ある=肯定形）+ 沒有（ない=否定形）] で「あるか？ないか？」の反復疑問文になる。**啤酒**=「ビール」 ❷ **麒麟**=「キリン」、**和**=「~と」。和 [ㄏㄢ、hàn] は、[ㄏㄜˊ hé] と発音してもよいが、口語では [ㄏㄢ、hàn] をよく使う。**惠比壽**=「エビス」。台湾就航便に常備している台湾ビールは日本のビールに比べて、あっさりとして飲みやすいのが特徴。

46

置き換え練習　🔊 031

ㄧㄡˇ ㄇㄟˊ ㄧㄡˇ

有 沒 有 ～ ？ 　～はありますか？
Yǒu　méi　yǒu

解説 有沒有～「～はありますか？」はあるかないか分からないものを確認するときに用いる表現。

置き換え単語

ㄊㄞˊ ㄨㄢ ㄆㄧˊ ㄐㄧㄡˇ
❶ 台 灣 啤 酒　🈁 台湾ビール　▶有沒有**台灣啤酒**？
Tái wān pí jiǔ

ㄆㄨˊ ㄊㄠˊ ㄐㄧㄡˇ
❷ 葡 萄 酒　🈁 ワイン　▶有沒有**葡萄酒**？
pú táo jiǔ

ㄎㄜˇ ㄌㄜˋ
❸ 可 樂　🈁 コーラ　▶有沒有**可樂**？
kě lè

ㄆㄧㄥˊ ㄍㄨㄛˇ ㄓ
❹ 蘋 果 汁　🈁 リンゴジュース　▶有沒有**蘋果汁**？
píng guǒ zhī

ㄈㄢ ㄑㄧㄝˊ ㄓ
❺ 蕃 茄 汁　🈁 トマトジュース　▶有沒有**蕃茄汁**？
fān qié zhī

ㄎㄨㄤˋ ㄑㄩㄢˊ ㄕㄨㄟˇ
❻ 礦 泉 水　🈁 ミネラルウォーター　▶有沒有**礦泉水**？
kuàng quán shuǐ

❷ 葡萄酒はワインの総称（白ワインは**白葡萄酒** bái pú táo jiǔ、赤ワインは**紅葡萄酒** hóng pú táo jiǔ）。赤ワインは**紅酒** hóng jiǔ でも通じる。

❶ 能 換 座 位 嗎 ？

ㄋㄥˊ ㄏㄨㄢˋ ㄗㄨㄛˋ ㄨㄟˋ ·ㄇㄚ

Néng huàn zuò wèi ma?

席替えはできますか？

能〜嗎？＝「〜ができますか？」。能は相手に許可を求めるときに用いる。能の後ろには必ず動詞を置く。

---

❷ 有 沒 有 日 本 的 報 紙 ？

ㄧㄡˇ ㄇㄟˊ ㄧㄡˇ ㄖˋ ㄅㄣˇ ·ㄉㄜ ㄅㄠˋ ㄓˇ

Yǒu méi yǒu Rì běn de bào zhǐ?

日本の新聞はありますか？

的は名詞と名詞の間に置いて所属関係（日本語の「の」）を表す。的を省略して**日本報紙**でもよい。

---

❸ 我 不 要 機 內 餐 。

ㄨㄛˇ ㄅㄨˋ ㄧㄠˋ ㄐㄧ ㄋㄟˋ ㄘㄢ

Wǒ bú yào jī nèi cān.

（私は）機内食はいりません。

不要「いりません」は、強く否定の意思を表現するときに用いる。

---

❹ 飲 料 不 要 加 冰 塊 。

ㄧㄣˇ ㄌㄧㄠˋ ㄅㄨˋ ㄧㄠˋ ㄐㄧㄚ ㄅㄧㄥ ㄎㄨㄞˋ

Yǐn liào bú yào jiā bīng kuài.

飲み物に氷を入れないでください。

加「加える、入れる」の後ろに、入れる物を置く。**加糖**＝「砂糖を入れる」

---

❺ 請 把 餐 具 收 下 去 。

ㄑㄧㄥˇ ㄅㄚˇ ㄘㄢ ㄐㄩˋ ㄕㄡ ㄒㄧㄚˋ ㄑㄩˋ

Qǐng bǎ cān jù shōu xià qù.

食器を下げてください。

把〜「〜を」は、何か物を移動させるときに用いる。**把**の後ろに移動させたい物を置く。**收**「片付ける」、**下去**「取り除く」

---

❻ 請 再 給 我 一 杯 咖 啡 。

ㄑㄧㄥˇ ㄗㄞˋ ㄍㄟˇ ㄨㄛˇ ㄧ ㄅㄟ ㄎㄚ ㄈㄟ

Qǐng zài gěi wǒ yì bēi kā fēi.

コーヒーをもう１杯ください。

請給我〜「私に〜をください」。**再**（副詞）を**給**（動詞）の前に置くと、「もう１杯」や「もう１つ」加えるという意味になる。

関連単語

(())033)

① ㄗㄨㄛˋ ㄨㄟˋ □ 座 位	zuò wèi	名 座席
② ㄎㄠˋ ㄔㄨㄤ ㄗㄨㄛˋ ㄨㄟˋ □ 靠 窗 座 位	kào chuāng zuò wèi	名 窓側の座席
③ ㄗㄡˇ ㄉㄠˋ ㄗㄨㄛˋ ㄨㄟˋ □ 走 道 座 位	zǒu dào zuò wèi	名 通路側の座席
④ ㄓㄨㄥ ㄐㄧㄢ ㄗㄨㄛˋ ㄨㄟˋ □ 中 間 座 位	zhōng jiān zuò wèi	名 中央の座席
⑤ ㄎㄨㄥ ㄓㄨㄥ ㄒㄧㄠˇ ㄐㄧㄝˇ □ 空 中 小 姐	kōng zhōng xiǎo jiě	名 女性のキャビンアテンダント
⑥ ㄐㄧ ㄋㄟˋ ㄘㄢ □ 機 內 餐	jī nèi cān	名 機内食
⑦ ㄢ ㄑㄩㄢˊ ㄉㄞˋ □ 安 全 帶	ān quán dài	名 安全ベルト
⑧ ㄊㄡˊ ㄉㄥˇ ㄘㄤ □ 頭 等 艙	tóu děng cāng	名 ファーストクラス
⑨ ㄕㄤ ㄨˋ ㄘㄤ □ 商 務 艙	shāng wù cāng	名 ビジネスクラス
⑩ ㄐㄧㄥ ㄐㄧˋ ㄘㄤ □ 經 濟 艙	jīng jì cāng	名 エコノミークラス

❺ 空中小姐は「空姐 kōng jiě」と省略しても通じる。 ❻「ベジタリアン食」の場合は**素食餐** sù shí cān。

49

入国①

 ：日本人　 ：空港職員

台湾への入国にビザはいりません。手続きに必要なのはパスポートと入国カードだけです（申告がある人のみ申告税関申告書が必要）。飛行機を降りたら入国審査をする「持非中華民國護照旅客」（中華民国のパスポートを持っていない旅客）のカウンターに並びます。入国審査が終わると飛行機に預けていた荷物を取りに行きますが、自分が利用した便の受け取り場所が分からないときは、こんなフレーズで空港職員に聞いてみましょう。

基本会話　🔊 034

 ❶ ㄗㄞˋ ㄋㄚˇ ㄌㄧˇ ㄋㄚˊ ㄒㄧㄥˊ ㄌㄧˇ
在 哪 裡 拿 行 李 ?
Zài nǎ lǐ ná xíng lǐ?

どこで荷物を受け取れますか？

 ❷ ㄕㄣˊ ・ㄇㄜ ㄅㄢ ㄐㄧ
什 麼 班 機 ?
Shén me bān jī?

何便ですか？

 ❸ ㄏㄨㄚˊ ㄏㄤˊ ㄧ ㄌㄧㄥˊ ㄧ ㄅㄢ ㄐㄧ
華 航 １０１ 班 機 。
Huá háng yī líng yī bān jī.

チャイナエアライン 101 便です。

 ❹ ㄗㄞˋ ㄦˋ ㄏㄠˋ ㄋㄚˊ ㄒㄧㄥˊ ㄌㄧˇ
在 ２ 號 拿 行 李 。
Zài èr hào ná xíng lǐ.

２番で荷物を受け取れます。

❶ **哪裡** ＝「どこ」、**在哪裡** ＝「どこで」、**拿** ＝「（手に）取る」、**行李** ＝「荷物」　❷ **什麼** ＝「何（疑問を表す）」、**班機** ＝「（飛行機などの）定期便、フライト」　❸ **華航** ＝中華航空の略称　❹ **號** ＝「番号（2 號＝ 2 番）」

置き換え練習　🔊 035

ㄅㄢ　ㄐㄧ
～ 班 機 。　～便です。
bān　jī

解説 ～班機（～便）は、飛行機の便名や航空会社を伝えるときの表現。

置き換え単語

ㄔㄤˊ　ㄖㄨㄥˊ
❶ **長 榮**　图 エバー航空　▶ 長榮班機。
Cháng róng

ㄍㄨㄛˊ　ㄊㄞˋ
❷ **國 泰**　图 キャセイパシフィック航空　▶ 國泰班機。
Guó tài

ㄖㄧˋ　ㄏㄤˊ
❸ **日 航**　图 日本航空　▶ 日航班機。
Rì háng

ㄑㄩㄢˊ　ㄖㄧˋ　ㄎㄨㄥ
❹ **全 日 空**　图 全日本空輸　▶ 全日空班機。
Quán rì kōng

ㄊㄞˊ　ㄨㄢ　ㄏㄨˇ　ㄏㄤˊ
❺ **台 灣 虎 航**　图 タイガーエア台湾　▶ 台灣虎航班機。
Tái wān hǔ háng

ㄒㄧㄤ　ㄘㄠˇ　ㄏㄤˊ　ㄎㄨㄥ
❻ **香 草 航 空**　图 バニラエア　▶ 香草航空班機。
Xiāng cǎo háng kōng

便名を言うときは航空会社と便名を一緒に言うか（華航 101 班機）、航空会社や便名だけ（華航班機 /101 班機）でも通じる。＊上記は 2020 年 8 月現在、日本から台湾に就航している航空会社。

：日本人　：空港職員

> 手荷物を受け取った後、所持品が免税の範囲内で申告する物がなければ、緑の「免税カウンター」（申告する物がある場合は赤のカウンター）を通って到着口から出ます。飛行機に荷物を預けたのに自分の荷物が見つからない場合は、以下のフレーズで空港職員に尋ねてみましょう。

基本会話　🔊 036

❶ 我 的 行 李 還 沒 出 來 。
ㄨㄛˇ ˙ㄉㄜ ㄒㄧㄥˊ ㄌㄧˇ ㄏㄞˊ ㄇㄟˊ ㄔㄨ ㄌㄞˊ
Wǒ de xíng lǐ hái méi chū lái.

私の荷物がまだ出てきません。

---

❷ 你 的 行 李 是 什 麼 顏 色 ？
ㄋㄧˇ ˙ㄉㄜ ㄒㄧㄥˊ ㄌㄧˇ ㄕˋ ㄕㄣˊ ˙ㄇㄜ ㄧㄢˊ ㄙㄜˋ
Ní de xíng lǐ shì shén me yán sè?

あなたの荷物は何色ですか？

---

❸ 我 的 行 李 是 黑 色 。
ㄨㄛˇ ˙ㄉㄜ ㄒㄧㄥˊ ㄌㄧˇ ㄕˋ ㄏㄟ ㄙㄜˋ
Wǒ de xíng lǐ shì hēi sè.

私の荷物は黒です。

---

❹ 請 等 一 下 。
ㄑㄧㄥˇ ㄉㄥˇ ㄧˊ ㄒㄧㄚˋ
Qǐng děng yí xià.

少々お待ちください。

---

❶ 行李 =「荷物（ここでは旅行用トランクのイメージ）」。還 =「まだ」、沒 =「ない」、出來 =「出てくる」　❷ 什麼 =「何」、顏色 =「色」。什麼顏色？ =「何色？」　❸ 黑色 =「黒」　❹ 等（待つ）+ 一下（ちょっと）]で「ちょっと待つ」。文頭に「請」を付けると「～してください」と丁寧に依頼する表現になる。

置き換え練習 🔊037

ㄨㄛˇ ・ㄉㄜ ㄒㄧㄥˊ ㄌㄧˇ ㄕˋ

我 的 行 李 是 ～ 。 私の荷物は〜です。
Wǒ de xíng lǐ shì

解説 我的行李是～。「私の荷物は〜です」は荷物の特徴（ここでは色）を伝えるときの表現。

置き換え単語

ㄏㄟ ㄙㄜˋ
❶ 黑 色 〈名〉黒 ▶我的行李是黑色。
hēi sè

ㄅㄞˊ ㄙㄜˋ
❷ 白 色 〈名〉白 ▶我的行李是白色。
bái sè

ㄌㄢˊ ㄙㄜˋ
❸ 藍 色 〈名〉青 ▶我的行李是藍色。
lán sè

ㄎㄚ ㄈㄟ ㄙㄜˋ
❹ 咖 啡 色 〈名〉茶色 ▶我的行李是咖啡色。
kā fēi sè

ㄧㄣˊ ㄙㄜˋ
❺ 銀 色 〈名〉銀色 ▶我的行李是銀色。
yín sè

ㄈㄣˇ ㄏㄨㄥˊ ㄙㄜˋ
❻ 粉 紅 色 〈名〉ピンク ▶我的行李是粉紅色。
fěn hóng sè

華語では一音節で色の表現をすると分かりにくいので、「黑」や「白」ではなく、必ず二音節で「黑色」「白色」、「黑的（黒いもの）」、「白的（白いもの）」と表現する。＊その他の色の単語は p.171 参照。

両替

😀：日本人　　😀：空港の銀行職員

> 台湾では、両替はホテルでもできますが、空港にある銀行の出張所のほうがレートが少し高く両替できます。タクシーに乗ったり、ちょっと飲んだり食べたりするときに、100元札がいちばん使いやすく役に立ちます。両替のときに100元札を多めに両替してもらうと何かと便利です。両替のときには以下のフレーズを使います。

基本会話　　🔊 038

 ❶ **我 想 換 台 幣 。**

ㄨㄛˇ ㄒㄧㄤˇ ㄏㄨㄢˋ ㄊㄞˊ ㄅㄧˋ

Wǒ xiǎng huàn Tái bì.

台湾元に両替したいです。

---

 ❷ **換 多 少 ？**

ㄏㄨㄢˋ ㄉㄨㄛ ㄕㄠˇ

Huàn duō shǎo?

いくら両替しますか？

---

 ❸ **換 三 萬 日 元 。**

ㄏㄨㄢˋ ㄙㄢ ㄨㄢˋ ㄖˋ ㄩㄢˊ

Huàn sān wàn Rì yuán.

日本円で3万円両替します。

---

 ❹ **好 。**

ㄏㄠˇ

Hǎo.

分かりました。

---

❶ 想「〜したい」は能願助動詞で、換「両替する」（動詞）の前に置く。動詞の後ろには台幣「台湾元」（名詞）を置く。
❷ 多少「いくら」（疑問代名詞）は、換（動詞）の後ろに置く。[多少] の部分に両替したい金額を入れれば、具体的な金額が言える。換[多少] → 換[三萬日元]「日本円で3万円両替する」

54

置き換え練習　　　　　　　　　　　🔊039

ㄨㄛˇ ㄒㄧㄤˇ

我 想 ～ 。　　　(私は)～したいです。
Wǒ xiǎng

解説 我想～「(私は)～したいです」は、何かをしたい気持ちを伝えるときに用いる表現。

置き換え単語

ㄏㄨㄢˋ ㄑㄧㄢˊ
❶ 換 錢　　　　　　動 両替する　　　　　▶我想**換錢**。
　huàn qián

ㄉㄧㄥˋ ㄈㄤˊ
❷ 訂 房　　　　　　動+名 部屋を予約する　　▶我想**訂房**。
　dìng fáng

ㄊㄨㄟˋ ㄈㄤˊ
❸ 退 房　　　　　　動+名 チェックアウトする　▶我想**退房**。
　tuì fáng

ㄏㄨㄢˋ ㄈㄤˊ ㄐㄧㄢ
❹ 換 房 間　　　　動+名 部屋を替える　　　▶我想**換房間**。
　huàn fáng jiān

ㄅㄠ ㄔㄜ
❺ 包 車　　　　　　動+名 車をチャーターする　▶我想**包車**。
　bāo chē

ㄩˋ ㄩㄝ
❻ 預 約　　　　　　動 予約する　　　　　▶我想**預約**。
　yù yuē

❹ **房間**=「部屋」　❺ 台湾の旅行会社には観光地を周遊する「**包車旅遊** bāo chē lǚ yóu (チャーター車ツアー)」のさまざまなプランがある。

---

❶
ㄓㄜˋ ㄕˋ ㄨㄛˇ ˙ㄉㄜ ㄏㄨˋ ㄓㄠˋ
這 是 我 的 護 照 。
Zhè shì wǒ de hù zhào.

これは私のパスポートです。

這 =「これ」。**是**は英語の is (be 動詞) にあたる。**是**の後ろに名詞を置き、A 是 B =「A は B です」。

---

❷
ㄨㄛˇ ㄌㄞˊ ㄌㄩˇ ㄧㄡˊ
我 來 旅 遊 。
Wǒ lái lǚ yóu.

私は旅行で来ました。

旅遊 =「旅行」。「**一日遊** yí rì yóu」は日帰りの旅行で、「**半日遊** bàn rì yóu」は半日の旅行。

---

❸
ㄗㄞˋ ㄋㄚˇ ㄌㄧˇ ㄓㄨㄢˇ ㄍㄨㄛˊ ㄋㄟˋ ㄒㄧㄢˋ ㄅㄢ ㄐㄧ
在 哪 裡 轉 國 內 線 班 機 ？
Zài nǎ lǐ zhuǎn guó nèi xiàn bān jī?

どこで国内線に乗り換えますか？

[**在** (〜で) + **哪裡** (どこ)] で「どこで」。**轉**「乗り換え」は飛行機や電車などの乗り換えをするときに用いる。

---

❹
ㄨㄛˇ ㄓˇ ㄧㄡˇ ㄧˊ ˙ㄍㄜ ㄒㄧㄥˊ ㄌㄧˇ
我 只 有 一 個 行 李 。
Wǒ zhǐ yǒu yí ge xíng lǐ.

私の荷物は 1 つだけです。

只「だけ」（副詞）は、動詞の前に置く。**只有**〜 =「〜だけある」。

---

❺
ㄨㄛˇ ㄇㄟˊ ㄧㄡˇ ㄕㄣ ㄅㄠˋ ㄆㄧㄣˇ
我 沒 有 申 報 品 。
Wǒ méi yǒu shēn bào pǐn.

申告する品物はありません。

沒「〜ない」は否定形で使う副詞で、動詞の前に置く。**沒有** =「ない」。

---

❻
ㄖㄨˋ ㄐㄧㄥˋ ㄎㄚˇ ㄈㄤˋ ㄗㄞˋ ㄋㄚˇ ㄌㄧˇ
入 境 卡 放 在 哪 裡 ？
Rù jìng kǎ fàng zài nǎ lǐ?

入国カードはどこに置いてありますか？

放在 =「置いてある」（結果補語→ p.30 参照）。**放** (動詞) の後にもう 1 つ動詞の在を加えることで、ただ「ある」のではなく「置いてある」状態を表している。

関連単語

① ㄏㄨˋ ㄓㄠˋ □ 護 照	hù zhào	**名** パスポート	
② ㄏㄞˇ ㄍㄨㄢ □ 海 關	hǎi guān	**名** 税関	
③ ㄔㄨ ㄐㄧㄥˋ □ 出 境	chū jìng	**名** 出国	
④ ㄖㄨˋ ㄐㄧㄥˋ ㄎㄚˇ □ 入 境 卡	rù jìng kǎ	**名** 入国カード	
⑤ ㄇㄧㄢˇ ㄕㄨㄟˋ ㄆㄧㄣˇ □ 免 稅 品	miǎn shuì pǐn	**名** 免税品	
⑥ ㄅㄠˋ ㄓˇ □ 報 紙	bào zhǐ	**名** 新聞	
⑦ ㄐㄧㄡˇ ㄌㄟˋ □ 酒 類	jiǔ lèi	**名** アルコール類	
⑧ ㄓㄨㄢˇ ㄐㄧ □ 轉 機	zhuǎn jī	**動+名** 飛行機を乗り換える	
⑨ ㄍㄨㄛˊ ㄋㄟˋ ㄒㄧㄢˋ □ 國 內 線	guó nèi xiàn	**名** 国内線	
⑩ ㄉㄥ ㄐㄧ ㄎㄡˇ □ 登 機 口	dēng jī kǒu	**名** 搭乗口	

Chapter 1 台湾華語の基礎

Chapter 2 基礎フレーズ

Chapter 3 機内と入国

Chapter 4 宿泊

Chapter 5 移動

入国カードの記入事項

①旅客姓名	lǚ kè xìng míng 旅客氏名
②護照號碼	hù zhào hào mǎ パスポート番号
③出生日期	chū shēng rì qí 生年月日
④國籍	gúo jí 国籍
⑤航班 航名	háng bān háng míng フライト名
⑥職業	zhí yè 職業

⑦簽證種類	qiān zhèng zhǒng lèi ビザの種類
⑧居住地	jū zhù dì 住所
⑨來臺住址	lái Tái zhù zhǐ 台湾の滞在先
飯店名稱	fàn diàn míng chēng ホテルの名称
⑩旅行目的	lǚ xíng mù dì 旅行の目的
⑪旅客簽名	lǚ kè qiān míng 旅客サイン

⑩ 旅行目的

1. 商務	shāng wù	ビジネス
2. 求學	qiú xué	研究
3. 觀光	guān guāng	観光
4. 展覽	zhǎn lǎn	展示会
5. 探親	tàn qīn	親戚を訪ねる
6. 醫療	yī liáo	医療
7. 會議	huì yì	会議
8. 就業	jiù yè	雇用
9. 宗教	zōng jiào	宗教
10. 其他	qí tā	その他

● 入国カードのオンライン申請

台湾では入国カードのオンライン申請が認められています。下記の申請フォームに所定の事項を記入して送信すると簡単に事前申請ができます。つまり、入国審査のカウンターでカードを提出する必要がないのです。万一提出を求められても「オンライン」とひとこと言えば OK です。

中華民國內政部移民署
入國登記表 Arrival Card

https://niaspeedy.immigration.gov.tw/webacard/

入國登記表 ARRIVAL CARD

姓 Family Name ①   護照號碼 Passport No. ②

名 Given Name

出生日期 Date of Birth ③   國籍 Nationality ④
年 Year   月 Month   日 Day

性別 Sex   航班.船名 Flight / Vessel No. ⑤   職業 Occupation ⑥
☐ 男 Male ☐ 女 Female

簽證種類 Visa Type ⑦
☐ 外交 Diplomatic ☐ 禮遇 Courtesy ☐ 居留 Resident ☐ 停留 Visitor
☐ 免簽證 Visa-Exempt ☐ 落地 Landing ☐ 其他 Others

入出境證/簽證號碼 Entry Permit / Visa No.

居住地 Home Address ⑧

來臺住址或飯店名稱 Residential Address or Hotel Name in Taiwan
⑨

旅行目的 Purpose of Visit ⑩   公務用欄 Official Use Only
☐ 1. 商務 Business ☐ 2. 求學 Study
☐ 3. 觀光 Sightseeing ☐ 4. 展覽 Exhibition
☐ 5. 探親 Visit Relative ☐ 6. 醫療 Medical Care
☐ 7. 會議 Conference ☐ 8. 就業 Employment
☐ 9. 宗教 Religion
☐ 10. 其他 Others _____

旅客簽名 Signature ⑪

您可選擇填繳「紙本入國登記表」，或於查驗通關前掃描上方QR-code上網填寫入國登記表。
You may fill in a "Paper Arrival Card" or via a "Online Arrival Card" through the QRcode on the top of the sheet before immigration clearance.

歡迎光臨台灣 WELCOME TO ROC (TAIWAN)

● 宿泊

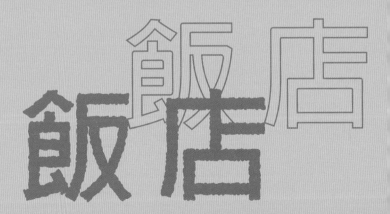

チェックイン

：日本人　：フロント

台湾ではホテルのランクを星ではなく国花である梅のマークの数で表します。最高級ランクの5つ梅ホテルではチェックアウトのときに宿泊費を清算しますが、それ以外のホテルではチェックインで保証金を前払いし、チェックアウトのときに改めて精算するのが一般的です。カードを使いたいときは、以下のフレーズを覚えておくと便利です。

基本会話　◁🔊042

 ❶ ㅋㄜˇ ㅡˇ ㄕㄨㄚ ㄎㄚˇ ・ㄇㄚ

可 以 刷 卡 嗎 ?
Kě yǐ shuā kǎ ma?

クレジットカードは使えますか？

 ❷ ㅋㄜˇ ㅡˇ

可 以 。
Kě yǐ.

使えます。

 ❸ ㄓㄜˋ ㄓㄤ ㄎㄚˇ ㄎㄜˇ ㅡˇ ・ㄇㄚ

這 張 卡 可 以 嗎 ?
Zhè zhāng kǎ kě yǐ ma?

このカードは使えますか？

 ❹ ㄇㄟˊ ㄨㄣˋ ㄊㄧˊ

沒 問 題 。
Méi wèn tí.

大丈夫です。

---

❶ **可以**＝「（条件が合って）できる」、[**刷**（擦る）＋**卡**（カード）]はカードを機械に通す動作を表す。**可以** kě yǐ「三声＋三声」の発音は、最初の三声が二声に変化して「二声＋三声」になることに注意。❸ **這**「これ」（指示代名詞）の後ろに数詞、量詞、名詞の順で語を置く。**張**は紙やカードなどを数える量詞。ここでは数詞の「**一**」を省略している（**這（一）張卡**）。❹ [**沒**（ない）＋**問題**（問題）]で「問題ない」。

置き換え練習 🔊 043

ㄎㄜˇ ㄧˇ ・ㄇㄚ
可以 ～ 嗎？ ～できますか？
Kě yǐ ma

解説 可以～嗎?「～できますか?」は、相手に可否を確認したり、許可を求めたいときに用いる表現。

置き換え単語

❶ ㄈㄨˋㄒㄧㄢˋㄐㄧㄣ
付 現 金
fù xiàn jīn
動+名 現金で払う
▶可以付現金嗎？

❷ ㄈㄨˋ ㄖˋ ㄅㄧˋ
付 日 幣
fù Rì bì
動+名 日本円で払う
▶可以付日幣嗎？

❸ ㄒㄧㄚˋㄨˇㄊㄨㄟˋㄈㄤˊ
下 午 退 房
xià wǔ tuì fáng
名+動 午後にチェックアウトする
▶可以下午退房嗎？

❹ ㄐㄧˋㄈㄤˋㄒㄧㄥˊㄌㄧˇ
寄 放 行 李
jì fàng xíng lǐ
動+名 荷物を預ける
▶可以寄放行李嗎？

❺ ㄅㄤ ㄨㄛˇㄅㄢㄒㄧㄥˊㄌㄧˇ
幫 我 搬 行 李
bāng wǒ bān xíng lǐ
動+名+動+名 荷物を運ぶのを手伝う
▶可以幫我搬行李嗎？

❻ ㄏㄨㄢˋㄊㄞˊㄅㄧˋ
換 台 幣
huàn Tái bì
動+名 台湾ドルに両替する
▶可以換台幣嗎？

❶ 付 =「支払う」 ❸ 下午 =「午後」(午前は上午) ❹ 寄放 =「(一時的に)預ける」

部屋

予約した部屋が気に入らない場合は、フロントの従業員に言いましょう。空いている部屋があれば、部屋を換えてくれることが多いですが、夜遅い時間にチェックインする場合は満室の可能性があります。なるべく早くチェックインしたほうがよいでしょう。ちなみに、台湾は一年中温暖な気候なので、一部の宿を除いて暖房は付いていません。以下は、部屋に不備が見つかりフロントに電話を掛けたときの会話です。

基本会話　🔊 044

 ❶ 櫃 檯 。
《ㄨㄟˋ ㄊㄞˊ
Guì tái.

フロントです。

 ❷ 你 好 。
ㄋㄧˇ ㄏㄠˇ
Nǐ hǎo.

こんにちは。

 ❸ 電 視 機 好 像 壞 了 。
ㄉㄧㄢˋ ㄕˋ ㄐㄧ ㄏㄠˇ ㄒㄧㄤˋ ㄏㄨㄞˋ ・ㄌㄜ
Diàn shì jī hǎo xiàng huài le.

テレビが壊れているようです。

 ❹ 好 。 我 去 看 看 。
ㄏㄠˇ ㄨㄛˇ ㄑㄩˋ ㄎㄢˋ ㄎㄢˋ
Hǎo. Wǒ qù kàn kàn.

分かりました。ちょっと行ってみます。

❶ 櫃檯 =「フロント」(本来の意味は「カウンター」)　❹ 你好 Nǐ hǎo「三声＋三声」の発音は、最初の三声が二声に変化して「二声＋三声」になることに注意。❸ 電視機 =「テレビ」。好像「～のようである」(副詞)は、壞「壊れる」(動詞)の前に置く。　❹ 好「分かりました」は応答の言葉。 看は「見る」という意味の動詞で、「看看」のように動詞を重ねると「ちょっと見る」というニュアンスになる。

置き換え練習　🔊 045

～好像壊了。
ㄏㄠˇ ㄒㄧㄤˋ ㄏㄨㄞˋ ･ㄌㄜ
hǎo xiàng huài le

～が壊れたようです。

解説　～好像壊了「～が壊れたようです」は、何かが壊れたようだがまだ確信していないときに用いる表現。

置き換え単語

❶ 空調 ㄎㄨㄥ ㄊㄧㄠˊ
kōng tiáo
🏷 エアコン（空調システム）
▶空調好像壊了。

❷ 吹風機 ㄔㄨㄟ ㄈㄥ ㄐㄧ
chuī fēng jī
🏷 ヘアドライヤー
▶吹風機好像壊了。

❸ 門鎖 ㄇㄣˊ ㄙㄨㄛˇ
mén suǒ
🏷 ドアに付いている鍵
▶門鎖好像壊了。

❹ 電燈 ㄉㄧㄢˋ ㄉㄥ
diàn dēng
🏷 ライト
▶電燈好像壊了。

❺ 冰箱 ㄅㄧㄥ ㄒㄧㄤ
bīng xiāng
🏷 冷蔵庫
▶冰箱好像壊了。

❻ 窗戶 ㄔㄨㄤ ㄏㄨˋ
chuāng hù
🏷 窓
▶窗戶好像壊了。

❸ ドアの鍵は「**鑰匙** yào shi」でもOK。部屋のカードキーなら「**房間卡** fáng jiān kǎ（「**房卡**」でも可）」。

チェックアウト

 ：日本人　 ：フロント

午前中の便で帰国する場合は、空港までの所要時間や空港での集合時間を確認し、なるべく余裕をもってチェックアウトの手続きを済ませておきましょう。午前中、特に朝方にチェックアウトする人が多く、カウンターが混み合うためです。早朝の便なら前の晩に済ませておくことをおすすめします。チェックアウトの際にレシートをもらいたいときは、以下のフレーズが使えます。

基本会話　◁)046

 ❶ 請 結 帳 。
〈一∠ˇ 　 ㄐ一ㄝˊ 　 ㄓㄤˋ
Qǐng jié zhàng.

精算してください。

 ❷ 好 。 請 等 一 下 。
ㄏㄠˇ 　 　 〈一∠ˇ 　 ㄉㄥˇ 　 一ˊ 　 ㄒ一ㄚˋ
Hǎo. Qǐng děng yí xià.

分かりました。少々お待ちください。

 ❸ 請 給 我 發 票 。
〈一∠ˇ 　 ㄍㄟˇ 　 ㄨㄛˇ 　 ㄈㄚ 　 ㄆ一ㄠˋ
Qǐng gěi wǒ fā piào.

レシートをください。

 ❹ 好 。 沒 問 題 。
ㄏㄠˇ 　 　 ㄇㄟˊ 　 ㄨㄣˋ 　 ㄊ一ˊ
Hǎo. Méi wèn tí.

はい、分かりました。

❶ 結帳 =「精算する」。「結帳」の代わりに買單 mǎi dān「勘定する」を使って「請買單」と言ってもよい。❷ 等一下 =「少し待つ」❸ 發票 =「レシート」

置き換え練習　🔊 047

〈一ㄥˇ

請～ 。　～してください。
Qǐng

解説 請～「～してください」は、何かをしてもらいたいとき（依頼）に用いる表現。

置き換え単語

❶ 《ㄍㄟˇ ㄊㄨㄥˇ 一 ㄈㄚ ㄆ一ㄠˋ
給 統 一 發 票
gěi Tǒng yī fā piào
動＋名 （政府が発行する）レシートを渡す　▶請給統一發票。

❷ ㄅㄢ ㄒ一ㄥˊ ㄌ一ˇ
搬 行 李
bān xíng lǐ
動＋名 荷物を運ぶ　▶請搬行李。

❸ ㄉㄚˇ ㄙㄠˇ ㄈㄤˊ ㄐ一ㄢ
打 掃 房 間
dǎ sǎo fáng jiān
動＋名 部屋を掃除する　▶請打掃房間。

❹ ㄐ一ㄠˋ ㄐ一ˋ ㄔㄥˊ ㄔㄜ
叫 計 程 車
jiào jì chéng chē
動＋名 タクシーを呼ぶ　▶請叫計程車。

❺ ㄐ一ㄝˋ ㄨㄛˇ ㄩˇ ㄙㄢˇ
借 我 雨 傘
jiè wǒ yǔ sǎn
動＋名 傘を貸す　▶請借我雨傘。

❻ ㄙㄨㄥˋ ㄉㄠˋ ㄨㄛˇ ㄈㄤˊ ㄐ一ㄢ
送 到 我 房 間
sòng dào wǒ fáng jiān
動＋名 部屋まで届ける　▶請送到我房間。

❶ **統一發票**＝台湾政府が発行している公的なレシート。コンビニやスーパーなどで発行され、宝くじの当選番号が記載されている。　❺ **借**には「借りる」と「貸す」の両方の意味がある。例：**你借我雨傘**＝「あなたは私に傘を借りる」、**我借你雨傘**＝「私はあなたに傘を貸す」

❶ 有 Wi-Fi 嗎？
ー又ˇ　　　·ㄇㄚ
Yǒu　　　ma?

Wi-Fi はありますか？

有「ある、いる」は人間や物の存在を表す表現。**有人** yǒu rén =「人がいます」。Wi-Fi の発音は日本と同じ。

❷ Wi-Fi 密 碼 是 幾 號？
ㄇㄧˋ ㄇㄚˇ ㄕˋ ㄐㄧˇ ㄏㄠˋ
mì mǎ shì jǐ hào?

Wi-Fi のパスワードはいくつですか？

密碼=「パスワード」、**幾號？**=「何号？」。**幾**は数が 10 以下と予測されるときに用いる。

❸ 餐 廳 在 幾 樓？
ㄘㄢ ㄊㄧㄥ ㄗㄞˋ ㄐㄧˇ ㄌㄡˊ
Cān tīng zài jǐ lóu?

レストランは何階ですか？

餐廳=「レストラン」（中餐廳 zhōng cān tīng =中華レストラン、西餐廳 xī cān tīng =洋食レストラン）、**幾樓？**=「何階？」

❹ 早 餐 幾 點 開 始？
ㄗㄠˇ ㄘㄢ ㄐㄧˇ ㄉㄧㄢˇ ㄎㄞ ㄕˇ
Zǎo cān jǐ diǎn kāi shǐ?

朝食は何時からですか？

早餐=「朝食」（午餐 wǔ cān =昼ご飯、晚餐 wǎn cān =晩ご飯）、**幾點？**=「何時？」

❺ 我 的 房 間 卡 丟 了。
ㄨㄛˇ ·ㄉㄜ ㄈㄤˊ ㄐㄧㄢ ㄎㄚˇ ㄉㄧㄡ ·ㄌㄜ
Wǒ de fáng jiān kǎ diū le.

（私の）部屋のカードキーをなくしてしまいました。

房間卡=「部屋のカードキー」（信用卡 xìn yòng kǎ =クレジットカード、悠遊卡 Yōu yóu kǎ =悠遊カード）、**丟了**=「なくした」。

❻ 我 的 房 間 鑰 匙 丟 了。
ㄨㄛˇ ·ㄉㄜ ㄈㄤˊ ㄐㄧㄢ ㄧㄠˋ ·ㄕ ㄉㄧㄡ ·ㄌㄜ
Wǒ de fáng jiān yào shi diū le.

（私の）部屋の鍵をなくしてしまいました。

鑰匙=「鍵」。財布など物をなくしたときは**丟了**か**掉了** diào le「落とした」を用いる。

❼ 隔壁太吵了。
《さ／ ㄅ一ˋ ㄊㄞˋ ㄔㄠˇ ·ㄌ古
Gé bì tài chǎo le.

隣の部屋がうるさいです。

隔壁=「壁を隔てた隣」。**太～了**「～すぎる」は連語で「～」に形容詞を入れる。例：**太遠了** tài yuǎn le =「遠すぎる」

❽ 退房時間是幾點？
ㄊㄨㄟˋ ㄈㄤˊ ㄕˊ ㄐ一ㄢ ㄕˋ ㄐ一ˇ ㄉ一ㄢˇ
Tuì fáng shí jiān shì jǐ diǎn?

チェックアウトの時間は何時ですか？

退房=「チェックアウト」。「チェックイン」は**登記住宿** dēng jì zhù sù。

❾ 能延長退房時間嗎？
ㄋㄥˊ 一ㄢˊ ㄔㄤˊ ㄊㄨㄟˋ ㄈㄤˊ ㄕˊ ㄐ一ㄢ ·ㄇㄚ
Néng yán cháng tuì fáng shí jiān ma?

チェックアウトの時間を延長できますか？

能と**可以** kě yǐ は許可を求める能願助動詞（p.34 参照）で、**可以**は**能**より丁寧な言い方。

❿ 能寄放行李嗎？
ㄋㄥˊ ㄐ一ˋ ㄈㄤˋ ㄒ一ㄥˊ ㄌ一ˇ ·ㄇㄚ
Néng jì fàng xíng lǐ ma?

荷物を預けることができますか？

寄放～=「～を預ける」。**寄放東西** dōng xī =「物を預ける」、**寄放貴重品** guì zhòng pǐn =「貴重品を預ける」。

⓫ 機場巴士是幾點？
ㄐ一 ㄔㄤˇ ㄅㄚ ㄕˋ ㄕˋ ㄐ一ˇ ㄉ一ㄢˇ
Jī chǎng bā shì shì jǐ diǎn?

空港行きのバスは何時ですか？

機場=「空港」。**巴士**=「高速バス、長距離バス」。**公車** gōng chē「市街バス」と使い分ける。

⓬ 房費附早餐嗎？
ㄈㄤˊ ㄈㄟˋ ㄈㄨˋ ㄗㄠˇ ㄘㄢ ·ㄇㄚ
Fáng fèi fù zǎo cān ma?

朝食代は含まれていますか？

房費=「部屋代」。**附**「付け加える」（動詞）は、**早餐**の前に置く。**附税** fù shuì =「税金が含まれている」。

① ㄉㄢ ㄖㄣˊ ㄈㄤˊ □ **單 人 房**	dān rén fáng	名 シングルルーム
② ㄕㄨㄤ ㄖㄣˊ ㄈㄤˊ □ **雙 人 房**	shuāng rén fáng	名 ダブルルーム
③ ㄊㄠˋ ㄈㄤˊ □ **套 房**	tào fáng	名 スイートルーム
④ ㄐㄧㄢˋ ㄕㄣ ㄈㄤˊ □ **健 身 房**	jiàn shēn fáng	名 スポーツジム
⑤ ㄕㄤ ㄨˋ ㄓㄨㄥ ㄒㄧㄣ □ **商 務 中 心**	shāng wù zhōng xīn	名 ビジネスセンター （ホテル内に設けられた PC など が使える部屋）
⑥ ㄎㄜˋ ㄈㄤˊ ㄈㄨˊ ㄨˋ □ **客 房 服 務**	kè fáng fú wù	名 ルームサービス
⑦ ㄉㄧㄢˋ ㄊㄧ □ **電 梯**	diàn tī	名 エレベーター
⑧ ㄅㄠˇ ㄒㄧㄢˇ ㄒㄧㄤ □ **保 險 箱**	bǎo xiǎn xiāng	名 セーフティボックス（金庫）
⑨ ㄒㄧㄥˊ ㄌㄧˇ ㄍㄨㄟˋ ㄊㄞˊ □ **行 李 櫃 檯**	xíng lǐ guì tái	名 荷物預かりサービス
⑩ ㄐㄧㄣˇ ㄐㄧˊ ㄔㄨ ㄎㄡˇ □ **緊 急 出 口**	jǐn jí chū kǒu	名 非常口

● 移動

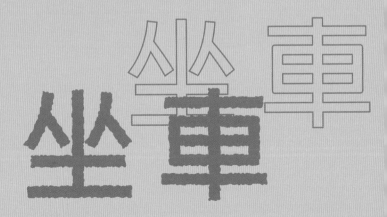

MRT ①

：日本人　：駅にいた台湾人

捷運 Jié yùn（MRT）は、台北市街を走る地下鉄です。だいたい数分に1本電車が来るのでとても便利。切符の代わりに IC チップ付きのコインを使いますが、日本のスイカのようなカード「悠遊卡 Yōu yóu kǎ」を使うと市内のバスや台湾鉄道、コンビニなどでも使えて便利です。駅構内や車内では、飲食禁止ですが携帯電話の使用は OK です。悠遊卡をチャージする場所が分からないときは、以下のフレーズを使ってみましょう。

基本会話　🔊 050

 ❶ 請問， 在 哪 裡 加 值？

くーム丶 ㄨㄣ丶　　　 ㄗㄞ丶 ㄋㄚˇ ㄌㄧˇ ㄐㄧㄚ ㄓˊ

Qǐng wèn, zài nǎ lǐ jiā zhí?

すみません、チャージはどこでしますか？

 ❷ 自 動 售 票 機 旁 邊 。

ㄗ丶 ㄉㄨㄥ丶 ㄕㄡ丶 ㄆㄧㄠ丶 ㄐㄧ 　ㄆㄤˊ ㄅㄧㄢ

Zì dòng shòu piào jī páng biān.

自動券売機の隣です。

 ❸ 我 不 知 道 怎 麼 加 值 。

ㄨㄛˇ ㄅㄨ丶 ㄓ ㄉㄠ丶 ㄗㄣˇ ·ㄇㄜ ㄐㄧㄚ ㄓˊ

Wǒ bù zhī dào zěn me jiā zhí.

チャージのやり方が分からないのですが。

 ❹ 我 來 幫 你 。

ㄨㄛˇ ㄌㄞˊ ㄅㄤ ㄋㄧˇ

Wǒ lái bāng nǐ.

手伝いましょう。

❶ 請＝「どうぞ〜してください」、問＝「尋ねる、伺う」。請問は人に何かを尋ねるときに用いる表現。[在（〜で）＋哪裡（どこ）]＝「どこで」。後ろに加値「チャージ」（動詞）を置く。 ❷ 自動售票機＝「自動券売機」、旁邊＝「隣、そば」 ❸ 不知道＝知道「分かる、知っている」の否定形。[怎麼（どう）＋加值（チャージ）]＝「どうやってチャージするか」。 ❹ 幫＝「手伝う」。來は積極的にやる意思を表し、「私が手伝ってあげましょう」というニュアンス。

置き換え練習　　　　　　　　🔊051

ㄗㄞˋ　ㄋㄚˇ　ㄌㄧˇ

在 哪 裡 ～ ?　　どこ (場所) で～しますか?
Zài　nǎ　lǐ

解説　**在哪裡～?**「どこ (場所) で～しますか?」は、何かをしたいときにその行為ができる場所を尋ねる表現。～には動詞が続く。

置き換え単語

ㄗㄨㄛˋ　ㄐㄧㄝˊ　ㄩㄣˋ

❶ 坐 捷 運　　**動+名** MRT に乗る　　▶在哪裡坐捷運?
zuò Jié yùn

ㄗㄨㄛˋ　ㄊㄞˊ　ㄊㄧㄝˇ

❷ 坐 台 鐵　　**動+名** 台湾鉄路に乗る　　▶在哪裡坐台鐵?
zuò Tái tiě

ㄗㄨㄛˋ　ㄍㄠ　ㄊㄧㄝˇ

❸ 坐 高 鐵　　**動+名** 台湾新幹線に乗る　　▶在哪裡坐高鐵?
zuò Gāo tiě

ㄕㄤˋ　ㄔㄜ

❹ 上 車　　**動** 乗車する　　▶在哪裡上車?
shàng chē

ㄒㄧㄚˋ　ㄔㄜ

❺ 下 車　　**動** 下車する　　▶在哪裡下車?
xià chē

ㄏㄨㄢˋ　ㄔㄜ

❻ 換 車　　**動** 乗り換える　　▶在哪裡換車?
huàn chē

❶坐「乗る」は電車・バス・自動車などに乗るときに使う。 ❸**高鐵**＝台湾高速鉄道 (通称：台湾新幹線)
❹❺**上車/下車**＝「(電車・バス・自動車などに) 乗車する/下車する」

MRT ②

：日本人　：MRT 職員

捷運の駅の随所にある案内板は、路線ごとのテーマカラーで表示されているので分かりやすく、初めて利用する外国人でも迷わずに乗り換えができます。矢印と「往月台 wǎng yuè tái」の文字があったら「プラットホームはこちらの方角」という意味です。目的地に行くのに乗り換え方がよく分からないときは駅員さんが親切に教えてくれるので、以下のフレーズで聞いてみましょう。

基本会話

◁・052

① 在 哪 個 站 換 車 ?

Zài nǎ ge zhàn huàn chē?

どの駅で乗り換えですか？

---

② 在 台 北 車 站 換 車 。

Zài Tái běi chē zhàn huàn chē.

台北駅で乗り換えです。

---

③ 換 什 麼 線 ?

Huàn shén me xiàn?

どの路線に乗り換えますか？

---

④ 換 板 南 線 。

Huàn Bǎn nán xiàn.

板南線に乗り換えます。

---

① 在～（場所、位置）は「～で」という意味の前置詞。**②** 車站 =「駅」、換車 =「乗り換える」。換公車 huàn gōng chē は「バスに乗り換える」、換高鐵 huàn Gāo tiě なら「新幹線に乗り換える」。 **③** 什麼 =「どの」（什麼線は「どの線」）　**④** 板南線はMRT の路線名

置き換え練習 🔊 053

ㄗㄞˋ ㄏㄨㄢˋ ㄔㄜ ·ㄇㄚ
在 ～ 換 車 嗎 ？
Zài huàn chē ma
～で乗り換えですか？

解説 在～換車嗎？「～で乗り換えですか？」は、どの駅で乗り換えるか尋ねるときの表現。

置き換え単語

❶ ㄒㄧ ㄇㄣˊ ㄓㄢˋ
西 門 站
Xī mén zhàn
🔲 西門駅
▶在西門站 換車嗎？

❷ ㄓㄨㄥ ㄒㄧㄠˋ ㄈㄨˋ ㄒㄧㄥ ㄓㄢˋ
忠 孝 復 興 站
Zhōng xiào fù xīng zhàn
🔲 忠孝復興駅
▶在忠孝復興站 換車嗎？

❸ ㄋㄢˊ ㄐㄧㄥ ㄈㄨˋ ㄒㄧㄥ ㄓㄢˋ
南 京 復 興 站
Nán jīng fù xīng zhàn
🔲 南京復興駅
▶在南京復興站 換車嗎？

❹ ㄅㄟˇ ㄊㄡˊ ㄓㄢˋ
北 投 站
Běi tóu zhàn
🔲 北投駅
▶在北投站 換車嗎？

❺ ㄓㄨㄥ ㄕㄢ ㄓㄢˋ
中 山 站
Zhōng shān zhàn
🔲 中山駅
▶在中山站 換車嗎？

❻ ㄓㄨㄥ ㄓㄥˋ ㄐㄧˋ ㄋㄧㄢˋ ㄊㄤˊ ㄓㄢˋ
中 正 紀 念 堂 站
Zhōng zhèng jì niàn táng zhàn
🔲 中正紀念堂駅
▶在中正紀念堂站 換車嗎？

❶ **站**（＝**車站** chē zhàn）は「駅」　*MRT の駅名と路線図はp.81 参照

73

：日本人　　 ：電車内にいた台湾人

電車内の電光掲示板では日本の地下鉄と同じように、前の駅、現在の停車駅、次の停車駅の名前がテロップで流れているので、とても分かりやすいです。車内放送は華語のほか、台湾語、客家語、英語の4カ国語で案内されます。自分の行きたい駅について現地の人に尋ねるときのフレーズを見てみましょう。

基本会話　🔊 054

❶
ㄑㄧㄥˇ ㄨㄣˋ，　ㄒㄧ ㄇㄣˊ ㄉㄠˋ ・ㄌㄜ ・ㄇㄚ
請 問 ， 西 門 到 了 嗎 ？
Qǐng wèn, Xī mén dào le ma?

ちょっとお聞きしますが、西門に着きましたか？

❷
ㄏㄞˊ ㄇㄟˊ
還 沒 。
Hái méi.

まだです。

❸
ㄏㄞˊ ㄧㄡˇ ㄐㄧˇ ㄓㄢˋ
還 有 幾 站 ？
Hái yǒu jǐ zhàn?

駅まであと幾つですか？

❹
ㄏㄞˊ ㄧㄡˇ ㄙㄢ ㄓㄢˋ
還 有 三 站 。
Hái yǒu sān zhàn.

あと3つです。

❶ 到＝「到着する」 ❷ 還＝「まだ」、沒＝「～ない」。「還沒」の後ろに「到」が省略されている。 ❸ 還有＝「まだある」。会話の途中に入れると接続詞の「それから、そのうえ～」という意味になる。「還有幾站？」と聞かれたら、「幾」に数字を入れて「還有一站 yí zhàn（あと1駅）」「還有兩站 liǎng zhàn（あと2駅）」と答える。

置き換え練習　🔊 055

カ幺ˋ ・カさ ・ㄇㄚ
～ 到 了 嗎 ？　～に着きましたか？
dào　le　ma

解説　～到了嗎？「～に着きましたか？」は、降りたい駅や場所に着いたかどうか尋ねるときの表現。

置き換え単語

ㄙㄨㄥ ㄕㄢ ㄐㄧ ㄔㄤˇ
❶ 松 山 機 場　　名 松山空港　　▶松山機場
Sōng shān jī chǎng　　　　　　　　到了嗎？

ㄐㄧ ㄔㄤˇ ㄉㄧˋ ㄧ ㄏㄤˊ ㄒㄧㄚˋ
❷ 機 場 第 一 航 廈　名 空港第一　　▶機場第一航廈
jī chǎng dì yī háng xià　　ターミナル　　到了嗎？

ㄊㄞˊ ㄅㄟˇ ㄧ ㄌㄧㄥˊ ㄧ
❸ 台 北 1 0 1　　名 台北101　　▶台北101到了嗎？
Tái běi yī líng yī

ㄌㄨㄥˊ ㄕㄢ ㄙˋ
❹ 龍 山 寺　　名 龍山寺　　▶龍山寺到了嗎？
Lóng shān sì

ㄐㄧㄢˋ ㄊㄢˊ
❺ 劍 潭　　名 劍潭（けんたん）　　▶劍潭到了嗎？
Jiàn tán

ㄍㄨㄛˊ ㄈㄨˋ ㄐㄧˋ ㄋㄧㄢˋ ㄍㄨㄢˇ
❻ 國 父 紀 念 館　名 国父記念館　　▶國父紀念館
Guó fù jì niàn guǎn　　　　　　　　到了嗎？

❶ **松山機場**は台北市内に位置する国内線メインの空港。❷ **機場第一航廈**は桃園国際空港と台北駅を結ぶMRT桃園機場線の駅。❺ **劍潭**はMRT淡水信義線の駅で、「士林夜市」の最寄り駅。

：日本人　 ：MRT 職員

> MRT の車内には「博愛座 bó ài zuò」（優先席）がありますが、博愛座に限らず車内ではよく席を譲り合う光景を目にします。台湾では年配の方や妊婦さん、体の弱い人に席を譲る習慣があるためです。車内が混んでいても博愛座がぽっかり空いていることも多いので、日本人にとっては不思議に思えるかもしれません。行きたい駅が何線か分からないときは、以下のフレーズで駅員さんに聞いてみましょう。

基本会話
🔊 056

 ❶
ㄑㄩˋ ㄉㄨㄥˋ ㄨˋ ㄩㄢˊ ㄗㄨㄛˋ ㄨㄣˊ ㄏㄨˊ ㄒㄧㄢˋ ·ㄇㄚ

去 動 物 園 坐 文 湖 線 嗎 ？
Qù dòng wù yuán zuò Wén hú xiàn ma?

動物園に行くには文湖線に乗りますか？

 ❷
ㄉㄨㄟˋ 　 ㄨㄣˊ ㄏㄨˊ ㄒㄧㄢˋ

對 。 文 湖 線 。
Duì. Wén hú xiàn.

そうです。文湖線です。

 ❸
ㄓㄜˋ ㄅㄢ ㄉㄧㄢˋ ㄔㄜ ㄉㄨㄟˋ ·ㄇㄚ

這 班 電 車 對 嗎 ？
Zhè bān diàn chē duì ma?

この電車で大丈夫ですか？

 ❹
ㄉㄨㄟˋ

對 。
Duì.

大丈夫です。

---

❶ 坐「〜に乗る」の本来の意味は「座る」。電車やバスや飛行機などは座って行くので坐を用いる。**脚踏車** jiǎo tà chē「自転車」や**馬** mǎ「ウマ」、**摩托車** mó tuō chē「オートバイ」などは、乗るときにまたがる動作をするので坐ではなく**騎** qí「〜に乗る」（動詞）を使う。❸ **對嗎？** =「合っていますか？」　❹ **對** =「合っています（正解である）」。違うときは「**不對** bú duì」。

Chapter 1 台湾華語の基礎 | Chapter 2 基礎フレーズ | Chapter 3 機内と入国 | Chapter 4 宿泊 | Chapter 5 移動

置き換え練習　🔊 057

ㄗㄨㄛˋ　ㄒㄧㄢˋ・ㄇㄚ

坐 ～ 線 嗎 ？
Zuò　xiàn　ma　　　～線に乗りますか？

解説 坐～線嗎？「～線に乗りますか？」は、行きたい駅に行くには何線に乗ればよいのか尋ねる表現。

置き換え単語

ㄉㄢˋ ㄕㄨㄟˇ ㄒㄧㄣˋ ㄧˋ
❶ 淡 水 信 義
Dàn shuǐ xìn yì　　　🈯 淡水信義　　▶坐淡水信義線嗎？

ㄙㄨㄥ ㄕㄢ ㄒㄧㄣ ㄉㄧㄢˋ
❷ 松 山 新 店
Sōng shān xīn diàn　🈯 松山新店　　▶坐松山新店線嗎？

ㄅㄢˇ ㄋㄢˊ
❸ 板 南
Bǎn nán　　　　　　🈯 板南　　　　▶坐板南線嗎？

ㄏㄨㄢˊ ㄓㄨㄤˋ
❹ 環 狀
Huán zhuàng　　　　🈯 環状　　　　▶坐環狀線嗎？

ㄓㄨㄥ ㄏㄜˊ ㄒㄧㄣ ㄌㄨˊ
❺ 中 和 新 蘆
Zhōng hé xīn lú　　🈯 中和新蘆　　▶坐中和新蘆線嗎？

ㄊㄠˊ ㄩㄢˊ ㄐㄧ ㄔㄤˇ
❻ MRT 桃 園 機 場
Táo yuán jī chǎng　🈯 MRT 桃園機場　▶坐 MRT 桃園機場線嗎？

「淡水信義線」は**淡水線**、「松山新店線」は**松山線**、「中和新蘆線」は**中和線**と省略できる（MRT の路線はp.81参照）。❻**桃園機場捷運 / 桃園機場 MRT** でも OK。

❶ 這是往淡水的嗎？

ㄓㄜˋ ㄕˋ ㄨㄤˇ ㄉㄢˋ ㄕㄨㄟˇ ·ㄉㄜ ·ㄇㄚ

Zhè shì wǎng Dàn shuǐ de ma?

これは淡水行き（の MRT）ですか？

往~「～行き」の後ろに駅名や場所を入れる。**的**の後ろに「捷運（MRT）」が省略されている。

---

❷ 到台北車站要幾分鐘？

ㄉㄠˋ ㄊㄞˊ ㄅㄟˇ ㄔㄜ ㄓㄢˋ ㄧㄠˋ ㄐㄧˇ ㄈㄣ ㄓㄨㄥ

Dào Tái běi chē zhàn yào jǐ fēn zhōng?

台北駅まで何分かかりますか？

到~「～に着く」の後ろに駅名や場所を入れる。**幾分鐘?**「何分間?」は、**鐘**を省略して**幾分?**でも OK。

---

❸ 洗手間在哪裡？

ㄒㄧˇ ㄕㄡˇ ㄐㄧㄢ ㄗㄞˋ ㄋㄚˇ ㄌㄧˇ

Xǐ shǒu jiān zài nǎ lǐ?

お手洗いはどこですか？

洗手間＝「お手洗い」。場所を尋ねるときは、[**在**(ある)＋**哪裡**(どこ)?]の前に場所の名詞を入れる。お手洗いには**廁所** cè suǒ という言い方もある。

---

❹ 坐幾站下車？

ㄗㄨㄛˋ ㄐㄧˇ ㄓㄢˋ ㄒㄧㄚˋ ㄔㄜ

Zuò jǐ zhàn xià chē?

いくつめの駅で降りたらいいですか？

下車は車や電車などから降りるときに使う。乗車するときは「**上車**」。文頭に主語の「**我要**」が省略されている。

---

❺ 下一站下車嗎？

ㄒㄧㄚˋ ㄧˊ ㄓㄢˋ ㄒㄧㄚˋ ㄔㄜ ·ㄇㄚ

Xià yí zhàn xià chē ma?

次の駅で降りたらいいですか？

下一站＝「次の駅」（**下下一站**＝「次の次の駅」）、**上一站**＝「前の駅」（**上上一站**＝「前の前の駅」）。文頭に主語「**我要**」が省略されている。

---

❻ 幾號出口？

ㄐㄧˇ ㄏㄠˋ ㄔㄨ ㄎㄡˇ

Jǐ hào chū kǒu?

何番出口ですか？

目的地に近い出口を聞きたいときに使える。「出口」は**出口**、「入口」は**入口** rù kǒu。「非常口」は**緊急出口** jǐn jí chū kǒu、**太平門** tài píng mén。

よく使うフレーズ（MRT）

Chapter 1 台湾華語の基礎

Chapter 2 基礎フレーズ

Chapter 3 機内と入国

Chapter 4 宿泊

Chapter 5 移動

❼ 一ㄡˇ ㄕㄡˇ ㄐー ㄔㄨㄥ ㄉーㄢˋ·ㄉㄜ ㄉーˋ ㄈㄤ ·ㄇㄚ
有手機充電的地方嗎？
Yǒu shǒu jī chōng diàn de dì fāng ma?

充電できるところはありますか？

手機＝「携帯電話」（スマホは**智慧型手機**
zhì huì xíng shǒu jī）、**充電**＝「充電」、**地方**
＝「場所」。駅の充電設備は携帯電話にも
スマホにも使える。

❽ ㄨㄛˇ ㄒーㄤˇ ㄐーㄚ ㄓˊ ㄙㄢ ㄅㄞˇ ㄩㄢˊ
我想加值三百元。
Wǒ xiǎng jiā zhí sān bǎi yuán.

300元チャージしたいです。

駅の窓口で**悠遊卡** Yōu yóu kǎ のチャー
ジをするときに使えるフレーズ。**加值**＝
「チャージする」。**想**「〜したい」（動詞）
は**加值**の前に置く。

❾ ㄅㄨˋ ㄏㄠˇ ー ·ㄙ ㄐーㄝˋㄍㄨㄛˋ ーˊ ㄒーㄚˋ
不好意思，借過一下。
Bù hǎo yì si jiè guò yí xià.

すみません、道を空けてください。

不好意思「すみません」は口語でよく使う
表現。**抱歉** bào qiàn「恐縮です」という言
い方もある。混雑しているときの**借過一
下**は便利な言葉。

❿ ㄑーㄥˇ ㄗㄨㄛˋ
請坐。
Qǐng zuò.

お座りください。

席を譲りたいときに、「**請坐**」と一言を添
えて席を譲るとよい。MRT やバスの車
内でよく耳にするフレーズ。

+α
MRT の車内放送に耳を傾けてみよう

下一站忠孝復興。 Xià yí zhàn Zhōng xiào fù xīng.
「次は忠孝復興駅です」

轉乘文湖線的旅客請在本站換車。
Zhuǎn chéng Wén hú xiàn de lǚ kè qǐng zài běn zhàn huàn chē.
「文湖線はこの駅で乗り換えです」

右側開門。 Yòu cè kāi mén.「右側のドアが開きます」

左側開門。 Zuǒ cè kāi mén.「左側のドアが開きます」

① ㄐㄧㄝˊ ㄩㄣˋ □ 捷 運	Jié yùn	名 MRT（Mass Rapid Transit の略）
② ㄕㄡˇ ㄈㄨˊ ㄉㄧㄢˋ ㄊㄧ □ 手 扶 電 梯	shǒu fú diàn tī	名 エスカレーター
③ ㄧㄡ ㄧㄡˊ ㄎㄚˇ □ 悠 遊 卡	Yōu yóu kǎ	名 悠遊カード
④ ㄐㄧㄚ ㄓˊ □ 加 值	jiā zhí	名 チャージ
⑤ ㄅㄛˊ ㄞˋ ㄗㄨㄛˋ □ 博 愛 座	bó ài zuò	名 優先席
⑥ ㄆㄧㄠˋ ㄐㄧㄚˋ □ 票 價	piào jià	名 運賃
⑦ ㄕㄡˋ ㄆㄧㄠˋ ㄐㄧ □ 售 票 機	shòu piào jī	名 券売機
⑧ ㄧˊ ㄖˋ ㄆㄧㄠˋ □ 一 日 票	yí rì piào	名 1日乗り放題の切符
⑨ ㄊㄡˊ ㄅㄢ ㄔㄜ □ 頭 班 車	tóu bān chē	名 始発電車
⑩ ㄇㄛˋ ㄅㄢ ㄔㄜ □ 末 班 車	mò bān chē	名 最終電車

+α 台北 MRT 路線図と主要駅

路線カラー

BR	文湖線 Wén hú xiàn	——— 茶色
R	淡水信義線 Dàn shuǐ xìn yì xiàn	——— 赤
G	松山新店線 Sōng shān xīn diàn xiàn	——— 緑
O	中和新蘆線 Zhōng hé xīn lú xiàn	——— オレンジ
BL	板南線 Bǎn nán xiàn	——— 青
Y	環状線（黄線）Huán zhuàng xiàn（Huán xiàn）	——— 黄色

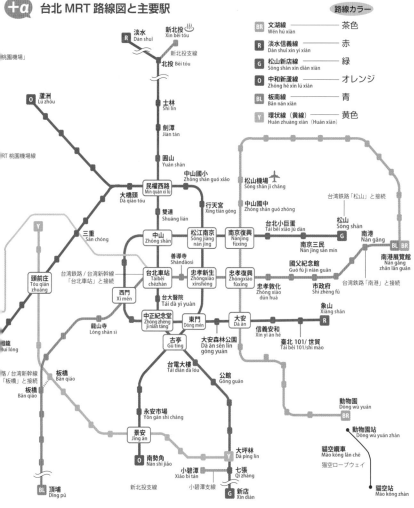

台北 MRT は、6 つの路線と 2 つの支線、MRT 桃園機場線、貓空ロープウエイで構成されます（2020 年 10 月現在）。Ⓨ環状線は 2020 年の 2 月に開通した新しい路線で、車両が黄色いところから「黄線」とも呼ばれます。始発はそれぞれの路線の始発駅を 6 時に出て、終電は大体の路線で最終駅に 23 時半〜 24 時に到着します。時刻表はありませんが、だいたい 3 分〜10 分間隔で運転しています。MRT 桃園機場線を利用すれば台北駅から台湾桃園国際空港までは最短 35 分と便利です。安全で快適、速くて安い MRT は市民や観光客になくてはならない交通手段となっています。

台湾鉄路①

 ：日本人　 ：台湾鉄路職員

台湾鉄路は、歴史が古く伝統的なイメージで台湾人に愛されている鉄道です。華語では台鐵 Tái tiě と呼ばれています。昔「高鐵 Gāo tiě（台湾新幹線）」がなかった頃は、皆「自強號（日本の「特急」にあたる列車）」などに乗って遠距離を移動していました。当時は台湾鉄路で台北から高雄まで約４時間もかかりましたが、いまや高鐵で最短約１時間半で行けるようになりました。以下はホームで出口の場所を尋ねるときに使えるフレーズです。

基本会話　◁)060

❶ 請問，　出口在哪裡？
ㄑㄧㄥˇ ㄨㄣˋ　ㄔㄨ ㄎㄡˇ ㄗㄞˋ ㄋㄚˇ ㄌㄧˇ
Qǐng wèn,　chū kǒu zài nǎ lǐ?

ちょっとお聞きしますが、出口はどこですか？

---

❷ 在對面。
ㄗㄞˋ ㄉㄨㄟˋ ㄇㄧㄢˋ
Zài duì miàn.

向かいです。

---

❸ 怎麼過去呢？
ㄗㄣˇ ・ㄇㄜ ㄍㄨㄛˋ ㄑㄩˋ ・ㄋㄜ
Zěn me guò qù ne?

どうやって行けばいいですか？

---

❹ 從那個樓梯走下去。
ㄘㄨㄥˊ ㄋㄚˋ ・ㄍㄜ ㄌㄡˊ ㄊㄧ ㄗㄡˇ ㄒㄧㄚˋ ㄑㄩˋ
Cóng nà ge lóu tī zǒu xià qù.

あの階段から下りてください。

---

❷ 在＝「（〜に）ある」、**對面**＝「向かい側」　**❸ 怎麼**＝「どうやって」、**過去**＝「向こうへ行く」、**呢**は疑問文の語尾に付ける語気助詞　**❹ 從**＝「〜から」。從の後ろに場所を置く。**樓梯**＝「階段」、**走下去**＝「歩いて下りて行く」（複合方向補語→ p.30 参照）。**走**（動詞）の後ろに**下**と**去**の２つの方向動詞が置かれている。

置き換え練習　◁〔061〕

ㄗㄞˋ　ㄋㄚˇ　ㄌㄧˇ
～在 哪 裡 ?
zài　nǎ　lǐ

～はどこですか?

解説　～在哪裡?「～はどこですか?」は、駅の出口などの場所がどこか分からないときに、場所を尋ねる表現。在の前に場所の名前を置く。p.70 の在哪裡～は～に動詞と目的語が入る。

置き換え単語

ㄑㄧㄢˊ　ㄓㄢˋ
❶ 前 站　　　　　❷ 駅の前方　　▶ **前站**在哪裡?
qián zhàn

ㄏㄡˋ　ㄓㄢˋ
❷ 後 站　　　　　❷ 駅の後方　　▶ **後站**在哪裡?
hòu zhàn

ㄖㄨˋ　ㄎㄡˇ
❸ 入 口　　　　　❷ 入り口　　　▶ **入口**在哪裡?
rù kǒu

ㄕㄡˋ　ㄆㄧㄠˋ　ㄔㄨˋ
❹ 售 票 處　　　❷ 切符売り場　▶ **售票處**在哪裡?
shòu piào chù

ㄐㄧㄢˇ　ㄆㄧㄠˋ　ㄎㄡˇ
❺ 剪 票 口　　　❷ 改札口　　　▶ **剪票口**在哪裡?
jiǎn piào kǒu

ㄉㄧˋ　ㄦˋ　ㄩㄝˋ　ㄊㄞˊ
❻ 第 二 月 台　❷ 2番ホーム　▶ **第二月台**在哪裡?
dì èr yuè tái

台湾鉄路②

 ：日本人　　：台湾鉄路職員

「天燈(ランタン)上げ」で有名な十分 Shí fēn に行くなら、台湾鉄路で瑞芳駅まで行き、観光客に人気のレトロな電車・平渓線に乗り換えれば「十分站(十分駅)」に着きます。十分駅の線路の両側にはたくさんのお土産屋さんが並んでおり、そこで買った天燈に願い事を書いて線路で飛ばします。天燈の色は願い事によって異なるので、自分の願い事に合った色を選びましょう。以下は目的地までの行き方を尋ねるフレーズです。

基本会話 🔊062

 ❶
ㄕˊ ㄈㄣ ㄗㄣˇ ·ㄇㄜ ㄑㄩˋ

十 分 怎 麼 去？
Shí fēn zěn me qù?

十分にはどうやって行きますか？

---

 ❷
ㄗㄨㄛˋ ㄗˋ ㄑㄧㄤˊ ㄏㄠˋ ㄉㄠˋ ㄖㄨㄟˋ ㄈㄤ ㄓㄢˋ

坐 自 強 號 到 瑞 芳 站。
Zuò Zì qiáng hào dào Ruì fāng zhàn.

自強号に乗って瑞芳駅まで行きます。

---

 ❸
ㄏㄨㄢˋ ㄕㄣˊ ·ㄇㄜ ㄒㄧㄢˋ

換 什 麼 線？
Huàn shén me xiàn?

何線に乗り換えますか？

---

 ❹
ㄏㄨㄢˋ ㄆㄧㄥˊ ㄒㄧ ㄒㄧㄢˋ ㄉㄠˋ ㄕˊ ㄈㄣ ㄓㄢˋ

換 平 溪 線 到 十 分 站。
Huàn Píng xī xiàn dào Shí fēn zhàn.

平渓線に乗り換えて十分駅まで行きます。

---

❶[怎麼(どうやって)+去(行く)?]の前に目的地を置いて、「どうやって行けますか?」と聞ける。[怎麼+動詞]は、怎麼吃?「どうやって食べる?」、怎麼用?「どうやって使う?」のように応用できる。 ❷ 坐～到…＝「～に乗って…に行く」 ❹ 換～線到…站の文は長く見えるが2つの述語文からなる主述述語文(p.28参照)で、換～線「～線に乗り換える」と到…站「…駅まで行く」を組み合わせている。

84

置き換え練習　🔊 063

ㄗㄣˇ ・ㄇㄜ ㄑㄩˋ
～怎麼去？　～はどのように行きますか？
zěn me qù

解説　～怎麼去？「～はどのように行きますか？」は、行きたい場所にどのような手段を使って行くか尋ねる表現。

置き換え単語

❶ ㄏㄨㄚ ㄌㄧㄢˊ
花 蓮
Huā lián
🔖 花蓮　▶花蓮怎麼去？

❷ ㄐㄧ ㄌㄨㄥˊ
基 隆
Jī lóng
🔖 基隆　▶基隆怎麼去？

❸ ㄐㄧㄡˇ ㄈㄣˋ
九 份
Jiǔ fèn
🔖 九份　▶九份怎麼去？

❹ ㄇㄠ ㄎㄨㄥ
貓 空
Māo kōng
🔖 貓空　▶貓空怎麼去？

❺ ㄧㄥ ㄍㄜ
鶯 歌
Yīng gē
🔖 鶯歌　▶鶯歌怎麼去？

❻ ㄖˋ ㄩㄝˋ ㄊㄢˊ
日 月 潭
Rì yuè tán
🔖 日月潭　▶日月潭怎麼去？

❶ 花蓮 (p.152 参照) ❷ 基隆 = 基隆港を有する北部の港町。海鮮屋台が豊富な**基隆廟口夜市** Jī lóng miào kǒu yè shì が人気。❸ 九份 (p.142 参照) ❹ 貓空 = 山間に茶畑と茶藝館が点在するエリア ❺ 鶯歌 = 風情のある陶磁器の街 ❻ 日月潭 = 台湾最大の湖「日月潭」を臨む景勝地

85

台湾高速鉄道(高鐵)①

：日本人　：高鐵職員

台湾高速鉄道(通称：台湾新幹線)は華語で高鐵 Gāo tiě と言い、日本の車両技術が外国で導入された初めての例として知られています。安全で乗り心地も快適なため、台湾ではとても高評価の乗り物です。自由座(自由席)、對號座(指定席)、商務座(グリーン席)があり、商務座には飲み物やクッキーなどの軽食が付いてきます。平日でも混み合うので、乗車券は早く行って買うか、事前のネット予約がおすすめです。以下は乗車券売り場での会話です。

基本会話　🔊 064

❶ 到 哪 裡 ?
ㄉㄠˋ ㄋㄚˇ ㄌㄧˇ
Dào nǎ lǐ?

どこまでですか？

❷ 到 台 南 。
ㄉㄠˋ ㄊㄞˊ ㄋㄢˊ
Dào Tái nán.

台南まで。

❸ 幾 張 ?
ㄐㄧˇ ㄓㄤ
Jǐ zhāng?

何枚ですか？

❹ 一 張 。
ㄧˋ ㄓㄤ
Yì zhāng.

1枚です。

❶ [到「(ある地点まで) 行く」+哪裡「どこ」？] で「どこまで(行く)か？」　❷ 返答するときは 到 の後ろに行きたい駅名を置く。❸ 幾張？＝「何枚？」　❹ 返答するときは 張 の前に数を置く。

台湾高速鉄道（高鐵）①

Chapter 1 台湾華語の基礎
Chapter 2 基礎フレーズ
Chapter 3 機内と入国
Chapter 4 宿泊
Chapter 5 移動

置き換え練習　🔊 065

ㄉㄠˋ
到 ～ 。
Dào
　　　　　　　　　　　～まで行きます。

解説 到～「～まで行きます」は、行きたい駅名を駅員に伝えるときに用いる表現。

置き換え単語

ㄊㄞˊ ㄅㄟˇ
❶ 台 北
Tái běi　　　　　　　名 台北　　　　▶到台北。

ㄊㄠˊ ㄩㄢˊ
❷ 桃 園
Táo yuán　　　　　　名 桃園　　　　▶到桃園。

ㄒㄧㄣ ㄓㄨˊ
❸ 新 竹
Xīn zhú　　　　　　　名 新竹　　　　▶到新竹。

ㄊㄞˊ ㄓㄨㄥ
❹ 台 中
Tái zhōng　　　　　　名 台中　　　　▶到台中。

ㄐㄧㄚ ㄧˋ
❺ 嘉 義
Jiā yì　　　　　　　　名 嘉義　　　　▶到嘉義。

ㄒㄧㄣ ㄗㄨㄛˇ ㄧㄥˊ
❻ 新 左 營
Xīn zuǒ yíng　　　　 名 新左営　　　▶到新左營。

台湾新幹線の駅名はp.96 参照。

台湾高速鉄道(高鐵)②

：日本人　：お弁当屋さん

電車旅の楽しみの一つといえば駅弁ですね。台鐵便當 Tái tiě biàn dāng と呼ばれる台湾の駅弁は安くておいしいので人気があります。種類が多くベジタリアン向けのヘルシーな「素便當 sù biàn dāng」もあります。高鐵の車内でも売っていますが、環境保護の意識が高い台湾では、食品ロスを防ぐため車内販売の弁当の数は少なめです。買おうと思ったら売り切れ！ということも。以下は商品の値段を聞くときのフレーズです。

基本会話　　　　　　　　　　　　　　　　　🔊066

❶
ㄓㄜˋ　ㄅㄧㄢˋ　ㄉㄤ　ㄉㄨㄛ　ㄕㄠˇ　ㄑㄧㄢˊ

這 便 當 多 少 錢 ？

Zhè biàn dāng duō shǎo qián?

このお弁当はいくらですか？

---

❷
ㄅㄚ　ㄕˊ　ㄎㄨㄞˋ

八 十 塊 。

Bā shí kuài.

80元です。

---

❸
ㄓㄜˋ　·ㄍㄜ　·ㄋㄜ

這 個 呢 ？

Zhè ge ne?

こっちは？

---

❹
ㄧˋ　ㄅㄞˇ　ㄎㄨㄞˋ　ㄑㄧㄢˊ

一 百 塊 錢 。

Yì bǎi kuài qián.

100元です。

---

❶ **多少錢**「いくらですか？」は、**多少塊錢**(疑問代名詞)の**塊**(量詞)を省略したもの。会話ではよく省略して**多少錢**を使う。**這便當**は**這**(これ、この)の後に**一個**(数量詞)が省略されている。❷ **八十**(数詞)の後の**錢**(名詞)を省略することも多い。❸ **這個**は**這**の後に**一**(数詞)が省略されている。**呢？**の前に名詞(主語)を置いて「～は？(どうですか)」という疑問文になる。

88

置き換え練習 🔊 067

ㄉㄨㄛ ㄕㄠˇ ㄑㄧㄢˊ
～多少錢？
duō shǎo qián

～はいくらですか？

解説 ～多少錢？「～はいくらですか？」は、値段を尋ねるときに用いる表現。

置き換え単語

❶ ㄏㄞˊ ㄊㄨㄥˊ ㄆㄧㄠˋ
孩 童 票
hái tóng piào

🏷 子ども切符 ▶孩童票多少錢？

❷ ㄗㄠˇ ㄋㄧㄠˇ ㄆㄧㄠˋ
早 鳥 票
zǎo niǎo piào

🏷 早割切符 ▶早鳥票多少錢？

❸ ㄉㄨㄟˋ ㄏㄠˋ ㄆㄧㄠˋ
對 號 票
duì hào piào

🏷 指定席券 ▶對號票多少錢？

❹ ㄌㄞˊ ㄏㄨㄟˊ ㄆㄧㄠˋ
來 回 票
lái huí piào

🏷 往復切符 ▶來回票多少錢？

❺ ㄉㄢ ㄔㄥˊ ㄆㄧㄠˋ
單 程 票
dān chéng piào

🏷 片道切符 ▶單程票多少錢？

❻ ㄉㄠˋ ㄊㄞˊ ㄓㄨㄥ
到 台 中
dào Tái zhōng

動+名 台中まで ▶到台中多少錢？

❶ 子ども切符は満12歳未満まで適用、6歳未満は同伴する大人がいれば2人まで無料で乗車できる。
❷ 早割切符は乗車の28～5日前までの購入で10%～35%の割引がある。

❶

ㄨㄛˇ ㄧㄠˋ ㄉㄨㄟˋ ㄏㄠˋ ㄗㄨㄛˋ

我 要 對 號 座 。

Wǒ yào duì hào zuò.

指定席にしたいです。

要は「～したい、要求する、頼む」の意味で、買い物や注文をするときに用いる。**商務座** shāng wù zuò =「グリーン車」、**自由座** zì yóu zuò =「自由席」。

---

❷

ㄗˋ ㄑㄧㄤˊ ㄏㄠˋ ㄉㄠˋ ㄐㄧ ㄌㄨㄥˊ ・ㄇㄚ

自 強 號 到 基 隆 嗎 ？

Zì qiáng hào dào Jī lóng ma?

自強號は基隆に停まりますか？

自強號は台湾鉄路で最も速い列車。**基隆**は北部にある台湾鉄路の駅。**到**「行く」（動詞）は駅名の前に置く。

---

❸

ㄐㄧㄡˇ ㄉㄧㄢˇ ・ㄉㄜ ㄧㄡˇ ㄕㄤ ㄨ ㄗㄨㄛˋ ・ㄇㄚ

九 點 的 有 商 務 座 嗎 ？

Jiǔ diǎn de yǒu shāng wù zuò ma?

9時のグリーン席はありますか？

九點は「9時」。**的**の後に**班車** bān chē「便」が省略されている。

---

❹

ㄧㄡˇ ㄎㄠˋ ㄔㄨㄤ ㄗㄨㄛˋ ㄨㄟˋ ・ㄇㄚ

有 靠 窗 座 位 嗎 ？

Yǒu kào chuāng zuò wèi ma?

窓側の席はありますか？

靠窗座位 =「窓側の席」、**走道座位** zǒu dào zuò wèi =「通路側の席」、**中間座位** zhōng jiān zuò wèi =「真ん中の席」。

---

❺

ㄎㄜˇ ㄧ ㄊㄨㄟˋ ㄆㄧㄠˋ ・ㄇㄚ

可 以 退 票 嗎 ？

Kě yǐ tuì piào ma?

切符を払い戻していただけますか？

可以「できる」は相手に許可を求める表現。**退票**は切符代金の払い戻しをすることで、**退錢** tuì qián ともいう。

---

❻

ㄨㄛˇ ・ㄉㄜ ㄔㄜ ㄆㄧㄠˋ ㄉㄧㄡ ・ㄌㄜ

我 的 車 票 丟 了 。

Wǒ de chē piào diū le.

乗車券をなくしてしまいました。

丟 =「なくす」。丟の代わりに、同じ意味の**遺失** yí shī や、「落とす」という意味の**掉** diào を使ってもよい。

よく使うフレーズ（台湾鉄路・台湾高速鉄道）

Chapter 1 台湾華語の基礎
Chapter 2 基礎フレーズ
Chapter 3 機内と入国
Chapter 4 宿泊
Chapter 5 移動

関連単語

🔊 069

① ㄩㄝˋ ㄊㄞˊ 月 台	yuè tái	名 プラットホーム
② ㄏㄡˋ ㄔㄜ ㄕˋ 候 車 室	hòu chē shì	名 待合室
③ ㄐㄧˋ ㄨˋ ㄍㄨㄟˋ 寄 物 櫃	jì wù guì	名 コインロッカー
④ ㄔㄨ ㄈㄚ 出 發	chū fā	動 出発する
⑤ ㄉㄠˋ ㄓㄢˋ 到 站	dào zhàn	動+名 駅に着く
⑥ ㄧㄡ ㄏㄨㄟˋ ㄆㄧㄠˋ 優 惠 票	yōu huì piào	名 優待切符（値引き切符、割安切符）
⑦ ㄊㄞˊ ㄊㄧㄝˇ ㄅㄧㄢˋ ㄉㄤ 台 鐵 便 當	Tái tiě biàn dāng	名 台湾鉄路の弁当
⑧ ㄔㄜ ㄒㄧㄤ 車 廂	chē xiāng	名 車両
⑨ ㄞˋ ㄒㄧㄣ ㄆㄧㄠˋ 愛 心 票	ài xīn piào	名 障がい者切符
⑩ ㄨㄤˇ ㄌㄨˋ ㄉㄧㄥˋ ㄆㄧㄠˋ 網 路 訂 票	wǎng lù dìng piào	名 インターネット予約

⑦ **台鐵便當** = 台湾鉄路が販売、管理しており、台湾鉄路および台湾高速鉄道の車内や駅で販売している。

タクシー

台湾のタクシー（計程車 jì chéng chē）は車体が黄色なのでとても目立ちます。数も多いので、街のどこでも簡単にタクシーに乗ることができます。タクシーのドアは自動ではないので、自分で開け閉めしましょう。英語はあまり通じないので、行き先を伝えるときは、あらかじめ場所の名前や住所を書いておいた紙を見せたほうがスムーズに目的地に行けます。言葉で伝えるときは、以下のフレーズを使ってみてください。

基本会話　🔊070

 ❶ 請 到 松 山 機 場 。
くーㄥˇ ㄉㄠˋ ㄙㄨㄥ ㄕㄢ ㄐㄧ 彳ㄤˇ
Qǐng dào Sōng shān jī chǎng.

松山空港までお願いします。

---

 ❷ 國 際 線 嗎 ？
ㄍㄨㄛˊ ㄐㄧˋ ㄒㄧㄢˋ ·ㄇㄚ
Guó jì xiàn ma?

国際線ですか？

---

 ❸ 對 。 國 際 線 。
ㄉㄨㄟˋ ㄍㄨㄛˊ ㄐㄧˋ ㄒㄧㄢˋ
Duì. Guó jì xiàn.

そうです。国際線です。

---

 ❹ 好 。
ㄏㄠˇ
Hǎo.

分かりました。

---

❸ 對は「合っている、その通り、正解」というニュアンス。返事の単語には 是 shì「はい（正解というニュアンスはない）」もあるが、どう答えてよいか分からないときは質問された文の動詞や形容詞を用いて返答するとよい。例：**你去嗎？**「行きますか？」→ **去**「行きます」、**好吃嗎？**「おいしいですか？」→ **好吃**「おいしいです」。

＊松山空港は台北の中心地にほど近い、国内線、中国本土路線の乗り入れがメインの空港。国際線は、東京・羽田空港間を往復する路線が運航している。

タクシー

Chapter 1 台湾華語の基礎

Chapter 2 基礎フレーズ

Chapter 3 機内と入国

Chapter 4 宿泊

Chapter 5 移動

置き換え練習

くーㄥˇ ㄉㄠˋ

請 到 ～ 。 　～までお願いします。
Qǐng　dào

解説 請到～「～までお願いします」は、タクシーで運転手さんに行き先を伝えるときに用いる表現。

置き換え単語

ㄍㄨˋ ㄍㄨㄥ ㄅㄛˊ ㄨˋ ㄩㄢˋ
❶ 故 宮 博 物 院　　🔊 故宮博物院　▶請到**故宮博物院**。
Gù gōng bó wù yuàn

ㄒㄧ ㄇㄣˊ ㄉㄧㄥ
❷ 西 門 町　　🔊 西門町　▶請到**西門町**。
Xī mén dīng

ㄉㄧˊ ㄏㄨㄚˋ ㄐㄧㄝ
❸ 迪 化 街　　🔊 迪化街　▶請到**迪化街**。
Dí huà jiē

ㄩㄥˇ ㄎㄤ ㄐㄧㄝ
❹ 永 康 街　　🔊 永康街　▶請到**永康街**。
Yǒng kāng jiē

ㄕˋ ㄌㄧㄣˊ ㄧㄝˋ ㄕˋ
❺ 士 林 夜 市　　🔊 士林夜市　▶請到**士林夜市**。
Shì lín yè shì

ㄓㄜˋ ㄌㄧˇ
❻ 這 裡　　🔊 ここ　▶請到**這裡**。
zhè lǐ

❶故宮博物院 は 故宮 Gù gōng だけでも通じる。 **❻**行き先を書いた紙を見せて言うときのフレーズ。

93

❶ 塞車嗎？

ㄙㄞ　ㄔㄜ　・ㄇㄚ

Sāi chē ma?

渋滞していますか？

塞は「ふさぐ」という意味。交通渋滞は、同じ意味の 堵「ふさぐ」を使って堵車 dǔ chē とも言う。

---

❷ 我在趕時間。

ㄨㄛˇ　ㄗㄞˋ　ㄍㄢˇ　ㄕˊ　ㄐㄧㄢ

Wǒ zài gǎn shí jiān.

急いでいます。

在は進行形を表す副詞で、趕「間に合わせる、急ぐ」（動詞）の前に置く。

---

❸ 請打開後車廂。

ㄑㄧㄥˇ　ㄉㄚˇ　ㄎㄞ　ㄏㄡˋ　ㄔㄜ　ㄒㄧㄤ

Qǐng dǎ kāi hòu chē xiāng.

車のトランクを開けてください。

打開 =「開ける」。「閉める」は關上 guān shàng と言う。

---

❹ 請給我收據。

ㄑㄧㄥˇ　ㄍㄟˇ　ㄨㄛˇ　ㄕㄡ　ㄐㄩˋ

Qǐng gěi wǒ shōu jù.

領収書をください。

收據 =「領収書」。領収書は發票 fā piào とも言う。統一發票 Tǒng yī fā piào は政府が発行している公式領収書のこと。

---

❺ 我暈車。

ㄨㄛˇ　ㄩㄣ　ㄔㄜ

Wǒ yūn chē.

車酔いしました。

暈は「目がくらむ、めまいがする」という意味。暈車のほかに暈船 yūn chuán「船酔い」、暈機 yūn jī「飛行機酔い」もある。

---

❻ 請把冷氣關小一點。

ㄑㄧㄥˇ　ㄅㄚˇ　ㄌㄥˇ　ㄑㄧˋ　ㄍㄨㄢ　ㄒㄧㄠˇ　ㄧ　ㄉㄧㄢˇ

Qǐng bǎ lěng qì guān xiǎo yì diǎn.

冷房を少し弱くしてください。

關 =「閉める」。一點 =「少し」。（冷気口を）閉めるときは小を使って關小一點「少し弱くする」、反対に開けるときは大を使って 開大一點「少し強くする」。

よく使うフレーズ（タクシー）

Chapter 1 台湾華語の基礎

Chapter 2 基礎フレーズ

Chapter 3 機内と入国

Chapter 4 宿泊

Chapter 5 移動

❼ 請 在 前 面 停 車。

ㄑㄧㄥˇ ㄗㄞˋ ㄑㄧㄢˊ ㄇㄧㄢˋ ㄊㄧㄥˊ ㄔㄜ

Qǐng zài qián miàn tíng chē.

前で停めてください。

在「〜で」(前置詞)は**前面**「前方」(方位詞)の前に置き、**停車**「車を止める」(動詞)を後ろに続ける。

❽ 不 用 找 了。

ㄅㄨˋ ㄩㄥˋ ㄓㄠˇ ・ㄌㄜ

Bú yòng zhǎo le.

お釣りはいりません。

不用=「しなくてよい」、**找**=「釣り銭を出す」(動詞)。ちなみに台湾ではクレジットカードが使えないタクシーが多いので要注意。

関連単語

🔊 073

① 司 機	ㄙ ㄐㄧ	sī jī	名 運転手
② 右 轉	ㄧㄡˋ ㄓㄨㄢˇ	yòu zhuǎn	動 右に曲がる
③ 那 邊	ㄋㄚˋ ㄅㄧㄢ	nà biān	名 あそこ
④ 路 口	ㄌㄨˋ ㄎㄡˇ	lù kǒu	名 交差点
⑤ 左 邊	ㄗㄨㄛˇ ㄅㄧㄢ	zuǒ biān	名 左側
⑥ 紅 綠 燈	ㄏㄨㄥˊ ㄌㄩˋ ㄉㄥ	hóng lù dēng	名 信号機

❷「左に曲がる」=**左轉** zuǒ zhuǎn　❺「右側」=**右邊** yòu biān

95

+α 台湾高速鉄道と台湾鉄路の路線図と主要駅

台湾高速鉄道（高鐵）の駅

南港	Nán gǎng
台北	Tái běi
板橋	Bǎn qiáo
桃園	Táo yuán
新竹	Xīn zhú
苗栗	Miáo lì
台中	Tái zhōng
彰化	Zhāng huà
雲林	Yún lín
嘉義	Jiā yì
台南	Tái nán
左營	Zuǒ yíng

高鐵 ——
台鐵 ——

台北　南港　基隆
桃園　板橋　九份
新竹　鶯歌　瑞芳
　　　平渓線
　　　烏來　宜蘭
苗栗　山線
鹿港
海線　太魯閣峡谷　新城
台中　日月潭　花蓮
彰化
集集線
雲林
嘉義　阿里山
　　　阿里山森林鉄道
　　　　　　東部幹線
台南
左營　屏東　台東
高雄
南迴線
内湾線
西部幹線

台湾鉄路（台鐵）の主要駅

西部幹線	台北	Tái běi
	板橋	Bǎn qiáo
	鶯歌	Yīng gē
	桃園	Táo yuán
	新竹	Xīn zhú
	苗栗	Miáo lì
	台中	Tái zhōng
	彰化	Zhāng huà
	嘉義	Jiā yì
	台南	Tái nán
	高雄	Gāo xióng
	屏東	Píng dōng
東部幹線	台東	Tái dōng
	花蓮	Huā lián
	新城	Xīn chéng
	宜蘭	Yí lán
	瑞芳	Ruì fāng
	基隆	Jī lóng

Chapter

6

 食べる

オーダー①

：日本人 ：飲食店の店員

台湾では、先住民料理、客家料理、地方の小吃などの台湾料理はもちろん、四川、広東、北京など多彩な中華料理が味わえます。お客さんの嗜好や体質に合わせて調理方法や食材を変えてくれることも多く、ニーズにきめ細かく応えてくれるのが評判のいいレストランです。メニューに載っていない野菜や食材などを聞き出して料理してもらうのも、台湾での食事の醍醐味の1つです。以下はメニューの有無を確認するときに使えるフレーズです。

「小吃 xiǎochī」とは屋台や店で食べる手頃な値段の軽食のこと

基本会話

🔊 074

 ❶ 一ヌˇ 彳ㄠˇ ㄈㄢˋ ・ㄇㄚ
有 炒 飯 嗎 ？
Yǒu chǎo fàn ma?

チャーハンはありますか？

. . . .

 ❷ 一ヌˇ
有 。
Yǒu.

あります。

. . . .

 ❸ 一ヌˇ 彳ㄠˇ ㄇㄧˇ ㄈㄣˇ ・ㄇㄚ
有 炒 米 粉 嗎 ？
Yǒu chǎo mǐ fěn ma?

焼きビーフンはありますか？

. . . .

 ❹ ㄇㄟˊ 一ヌˇ ㄎㄜˇ ㄕˋ ㄨㄛˇ ・ㄇㄣ ㄎㄜˇ 一ˇ ㄗㄨㄛˋ
沒 有 ， 可 是 我 們 可 以 做 。
Méi yǒu, kě shì wǒ men kě yǐ zuò.

ありません、でも作れますよ。

. . . .

❶ 有「ある」(動詞) の否定形は**沒有**「ない」。「不有」という否定形はないので注意。❹ 逆接の接続詞は**可是**「しかし」のほかに **但是** dàn shì と**不過** bú guò があるが、友人や親しい人との会話ではよく**不過**を使う。**做** =「作る (ここでは [料理する])」。**有沒有～** (p.47) も**有～嗎？**と同じ意味だが、**有沒有～**のほうがあるかどうか確認する意味が強調される。

置き換え練習 ◀ 075

ㄧㄡˇ　　　·ㄇㄚ

有 ～ 嗎？　　～はありますか？
Yǒu　　ma

解説 有～嗎？「～はありますか？」は、欲しいものがあるかどうか相手に質問するときの表現。

置き換え単語

ㄙㄨˋ　ㄕˊ
❶ 素 食　　🔤 ベジタリアン料理　▶有**素食**嗎？
sù　shí

ㄖˋ　ㄨㄣˊ　ㄘㄞˋ　ㄉㄢ
❷ 日 文 菜 單　　🔤 日本語の　　　▶有**日文菜單**嗎？
Rì　wén　cài　dān　　　メニュー

ㄔㄠˇ　ㄇㄧㄢˋ
❸ 炒 麵　　🔤 焼きそば　▶有**炒麵**嗎？
chǎo miàn

ㄊㄤ　ㄇㄧㄢˋ
❹ 湯 麵　　🔤 タンメン　▶有**湯麵**嗎？
tāng miàn

ㄊㄞˊ　ㄨㄢ　ㄆㄧˊ　ㄐㄧㄡˇ
❺ 台 灣 啤 酒　　🔤 台湾ビール　▶有**台灣啤酒**嗎？
Tái　wān　pí　jiǔ

ㄎㄠˋ　ㄔㄨㄤ　ㄗㄨㄛˋ　ㄨㄟˋ
❻ 靠 窗 座 位　　🔤 窓際の席　▶有**靠窗座位**嗎？
kào chuāng zuò wèi

❻「通路側の席」は**走道座位** zǒu dào zuò wèi 。

99

：日本人　：飲食店の店員

台湾の飲食店では、お客さんの好みに応じて味の調整をしてくれることが多いです。減塩したい、辛くしないでほしいなどの要望がある場合は、オーダー時にリクエストしましょう。また、香菜 xiāng cài（パクチー）のような香味野菜が苦手であれば、先に店員さんに伝えておけば抜いてくれます（p.115参照）。以下は味の特徴を聞いて調整をお願いするときに使えるフレーズです。

基本会話　🔊 076

ㄏㄣˇ ㄌㄚˋ ·ㄇㄚ

❶ 很 辣 嗎 ？

Hěn　là　ma?

とても辛いですか？

ㄅㄧˇ ㄐㄧㄠˋ ㄌㄚˋ

❷ 比 較 辣 。

Bǐ　jiào　là.

わりと辛いです。

ㄅㄨˊ ㄧㄠˋ ㄊㄞˋ ㄌㄚˋ ㄎㄜˇ ㄧˇ ·ㄇㄚ

❸ 不 要 太 辣 可 以 嗎 ？

Bú　yào　tài　là　kě　yǐ　ma?

辛すぎないようにできますか？

ㄇㄟˊ ㄨㄣˋ ㄊㄧˊ

❹ 沒 問 題 。

Méi　wèn　tí.

大丈夫です。

❶ 很 =「とても」、辣 =「辛い」　❷ 比較 =「比較的」　❸ 太〜 =「〜すぎる」（副詞）は、形容詞の前に置き、辛さや甘さなどの程度を表現する。不要〜は文頭に置いて「〜しないで」という意思を相手に主張する。可以〜？「〜できますか？ / 〜してもいいですか？」は相手に可否を尋ねたり許可を求める表現。

置き換え練習 🔊 077

ㄏㄣˇ　·ㄇㄚ
很 ～ 嗎？　とても ～ ですか？
Hěn　　ma

解説 很～嗎?「とても～ですか?」は、相手に料理の味の程度を尋ねるときに用いる表現。

置き換え単語

❶	ㄙㄨㄢ **酸** suān	形 酸っぱい	▶很**酸**嗎?
❷	ㄊㄧㄢˊ **甜** tián	形 甘い	▶很**甜**嗎?
❸	ㄧㄡˊ ㄋㄧˋ **油 膩** yóu nì	形 脂っこい	▶很**油膩**嗎?
❹	ㄊㄤˋ **燙** tàng	形 熱い	▶很**燙**嗎?
❺	ㄉㄚˋ **大** dà	形 大きい	▶很**大**嗎?
❻	ㄉㄨㄛ **多** duō	形 多い	▶很**多**嗎?

❹ 燙は「やけどするほど熱い」という意味。料理で使う「熱い」という表現に、**熱騰騰** rè téng téng「アツアツ」、**熱呼呼** rè hū hū「ほかほか」などがある。

：日本人　　：海鮮料理店の店員

台湾の海鮮料理店では、作り方を相談することができます。店内で自分が食べたい海鮮の食材を選ぶと、店員さんにどう調理するのかよく聞かれます。1尾の魚を「蒸す、揚げる、焼く」3種類の料理法で出してくれる店もあります。食材が最もおいしくいただける調理法を店員さんにすすめてもらうのもいいでしょう。以下は、店員さんに調理法を聞かれたときの会話です。

基本会話　　　◁-078

ㄩˊ　ㄗㄣˇ　·ㄇㄜ　ㄗㄨㄛˋ

❶ 魚 怎 麼 做 ?

Yú　zěn　me　zuò?

魚はどのように料理しますか?

ㄐㄧㄢ　ㄓㄨˇ　ㄎㄠˇ　ㄓㄚˋ　ㄉㄡ　ㄎㄜˇ　ㄧˇ

❷ 煎 煮 烤 炸 都 可 以 。

Jiān　zhǔ　kǎo　zhà　dōu　kě　yǐ.

焼く、煮る、炙る、揚げる、どれもできますよ。

ㄗㄣˇ　·ㄇㄜ　ㄗㄨㄛˋ　ㄏㄠˇ　ㄔ　·ㄋㄜ

❸ 怎 麼 做 好 吃 呢 ?

Zěn　me　zuò　hǎo　chī　ne?

どの調理法がおいしいですか?

ㄩˊ　ㄊㄤ　ㄗㄣˇ　·ㄇㄜ　ㄧㄤˋ

❹ 魚 湯 怎 麼 樣 ?

Yú　tāng　zěn　me　yàng?

魚スープはいかがですか?

---

❶ 怎麼「どのように」は方法や手段を尋ねる疑問代名詞。做＝「料理する」　❷ 中華料理の調理法には煎 jiān「鍋に少量の油をひいて焼く」、煮 zhǔ「煮る」、烤 kǎo「炙る」、炸 zhà「揚げる」、蒸 zhēng「蒸す」、炒 chǎo「炒める」などがある。主語（煎煮烤炸）が複数の場合、後ろに都を置くと「すべて、全部」という意味になる。　❹ 魚を煮て作る料理の一つが魚湯。湯は「スープ」。

置き換え練習　🔊 079

アン゛　・ㄇㄜ　ㄗㄨㄛ゛
〜 怎 麼 做 ？
zěn me zuò

〜はどのように料理しますか？

解説 〜怎麼做？「〜はどのように料理しますか？」は料理法を尋ねるときに用いる表現。

置き換え単語

ㄒㄧㄚ
❶ **蝦**　名 エビ　▶蝦怎麼做？
xiā

ㄆㄤˊ ㄒㄧㄝˋ
❷ **螃 蟹**　名 カニ　▶螃蟹怎麼做？
páng xiè

ㄅㄠˋ ㄩˊ
❸ **鮑 魚**　名 アワビ　▶鮑魚怎麼做？
bào yú

ㄍㄜˊ ㄌㄧˋ
❹ **蛤 蜊**　名 ハマグリ　▶蛤蜊怎麼做？
gé lì

ㄨ ㄗㄟˊ
❺ **烏 賊**　名 イカ　▶烏賊怎麼做？
wū zéi

ㄇㄨˇ ㄌㄧˋ
❻ **牡 蠣**　名 カキ　▶牡蠣怎麼做？
mǔ lì

❶**蝦**は殻付きのエビで**蝦子** xiā zi と言うことも多い。料理済みのエビは**蝦仁** xiā rén と言う。❸ **鮑魚**は bāo yú (一声 / 二声) の発音でもよい。❹ **蛤蜊**は「ハマー」という台湾語も使われており、**蛤蜊湯** (はまぐりスープ) は「ハマータン」とも言う。

103

オーダー④

：日本人　：飲食店の店員

台湾では外食が比較的安くて便利です。ほとんどの店でテイクアウトが可能で、台湾人は出勤の途中に、よく「早餐店 zǎo cān diàn（朝食屋）」に立ち寄ります。昼は「自助餐 zì zhù cān（セルフサービスの店）」に行ったり、弁当を買って食べ、夜は友人や家族と外食を楽しんだりします。台湾では自炊よりも外食のほうがお得かもしれません。以下は、お店にどんな料理や材料があるか尋ねるときに使えるフレーズです。

基本会話

◀ 080

 ❶ 有 什 麼 蔬 菜 ？
Yǒu shén me shū cài?

どんな野菜がありますか？

 ❷ 有空心菜、花椰菜、高麗菜。
Yǒu kōng xīn cài, huā yé cài, gāo lì cài.

空心菜、ブロッコリー、キャベツがあります。

 ❸ 有 地 瓜 葉 嗎 ？
Yǒu dì guā yè ma?

さつまいもの葉はありますか？

 ❹ 有 炒 地 瓜 葉 。
Yǒu chǎo dì guā yè.

さつまいもの葉炒めがあります。

-----

❶ 蔬菜 =「野菜」。什麼 (疑問代名詞) は「何」という意味のほか、名詞の前に用いて「何の、どんな」という意味になる。❷ 有「ある、いる」は、後ろに名詞を並べて使える。例：[有] 蛋炒飯、蝦仁炒飯、什錦炒飯。=「玉子チャーハンとエビチャーハン、五目チャーハンがある」。❹ 調理法＋食材で料理名になる。例：燙 tàng 地瓜葉「茹でで地瓜葉」。

104

置き換え練習　🔊 081

ー又ˇ　ㄕㄣˊ　・ㄇㄜ

有什麼～?
Yǒu shén me

どんな～がありますか?

解説　有什麼～?「どんな～がありますか?」はどんな種類があるか尋ねるときに用いる表現。

置き換え単語

❶ ㄊㄤ **湯** tāng	名 スープ	▶有什麼**湯**?	
❷ ㄔㄠˇ ㄇㄧㄢˋ **炒麵** chǎo miàn	名 焼きそば	▶有什麼**炒麵**?	
❸ ㄓㄨˇ ㄘㄞˋ **主菜** zhǔ cài	名 メインディッシュ	▶有什麼**主菜**?	
❹ ㄏㄞˇ ㄒㄧㄢ **海鮮** hǎi xiān	名 海鮮(料理)	▶有什麼**海鮮**?	
❺ ㄊㄧㄢˊ ㄉㄧㄢˇ **甜點** tián diǎn	名 デザート	▶有什麼**甜點**?	
❻ ㄔㄚˊ **茶** chá	名 お茶	▶有什麼**茶**?	

食事中

：日本人　：飲食店の店員

中華料理のお皿の上には取り箸が置いてあることが多く、ホストがお客さんに、あるいは男性が女性に、取り箸を使って料理を取り分けてあげているところをよく見かけます。食事中に取り箸や食器で足りないものがあることに気づいたら、以下のように、店員さんに欲しいものを持ってきてもらうときのフレーズを使ってください。

基本会話　🔊 082

❶ **不好意思，請拿公筷給我。**
Bù hǎo yì si,　qǐng ná gōng kuài gěi wǒ.

すみません、取り箸を持ってきてください。

❷ **好 。**
Hǎo.

分かりました。

❸ **還 有 再 給 我 一 杯 開 水 。**
Hái yǒu zài gěi wǒ yì bēi kāi shuǐ.

あと、お水をもう一つください。

❹ **請 等 一 下 。**
Qǐng děng yí xià.

少々お待ちください。

❶ 拿＝「持ってくる」、**公筷**＝「取り箸」（「箸」は**筷子** kuài zi）　❸ **還有**「それから」は前に言ったことに続けて何か言うときの接続詞。**再**「もう１つ、もう１回」（副詞）は必ず動詞の前に置く。**開水**＝「一度沸騰させた水、またはお湯」　❹ **等一下**は「ちょっと待って」。請を前に置くと丁寧な言い方になる。**請稍等** Qǐng shāo děng という表現もよく使われる。

置き換え練習　🔊 083

ㄑㄧㄥˇ ㄋㄚˊ　　ㄍㄟˇ ㄨㄛˇ
請 拿 ～ 給 我 。
Qǐng ná gěi wǒ

～を持ってきてください。

解説 **請拿～給我**「～を持ってきてください」は、必要なものを持ってきてもらいたいときに用いる表現。

置き換え単語

ㄈㄢˋ ㄨㄢˇ
❶ 飯 碗
fàn wǎn
🅰 ご飯茶碗
▶請拿**飯碗**給我。

ㄎㄨㄞˋ ・ㄗ
❷ 筷 子
kuài zi
🅰 箸
▶請拿**筷子**給我。

ㄆㄢˊ ・ㄗ
❸ 盤 子
pán zi
🅰 皿
▶請拿**盤子**給我。

ㄊㄤ ㄔˊ
❹ 湯 匙
tāng chí
🅰 スプーン
▶請拿**湯匙**給我。

ㄅㄟ ・ㄗ
❺ 杯 子
bēi zi
🅰 コップ
▶請拿**杯子**給我。

ㄘㄞˋ ㄉㄢ
❻ 菜 單
cài dān
🅰 メニュー
▶請拿**菜單**給我。

❹ フォークなら**叉子** chā zi　❻ 日本語のメニューなら**日文菜單** Rì wén cài dān

予約

 ：日本人　：飲食店の店員

> 台湾では、おいしいと評判の店はいつも混み合っており、混み合う店にはさらに人が集まります。飲食店側もあの手この手でお客さんを待たせないように席を用意してくれますが、人気の店に行くなら、事前に予約をしておいたほうが安心です。台湾人にとって、食事をすることは何よりも大事。食事もお茶も時間をかけてゆっくり楽しむので、なかなか席が空かないこともあります。事前に予約するときは以下のフレーズを使ってください。

基本会話　　　　　　　　　　　　　　🔊 084

 ❶ 我 想 訂 位 。
　　ㄨㄛˇ ㄒㄧㄤˇ ㄉㄧㄥˋ ㄨㄟˋ
　　Wǒ xiǎng dìng wèi.

（席を）予約をしたいです。

---

 ❷ 今 天 嗎 ？
　　ㄐㄧㄣ ㄊㄧㄢ ·ㄇㄚ
　　Jīn tiān ma?

今日ですか？

---

 ❸ 對 。 今 晚 七 點 三 個 人 。
　　ㄉㄨㄟˋ　ㄐㄧㄣ ㄨㄢˇ ㄑㄧ ㄉㄧㄢˇ ㄙㄢ ·ㄍㄜ ㄖㄣˊ
　　Duì. Jīn wǎn qī diǎn sān ge rén.

はい。今夜 7 時に 3 人です。

---

 ❹ 沒 問 題 。 請 問 貴 姓 ？
　　ㄇㄟˊ ㄨㄣˋ ㄊㄧˊ　ㄑㄧㄥˇ ㄨㄣˋ ㄍㄨㄟˋ ㄒㄧㄥˋ
　　Méi wèn tí. Qǐng wèn guì xìng?

分かりました。お名前をお聞きしてもよろしいですか？

---

❶ 訂位 ＝「（席を）予約する」　❷ 今天 ＝「今日」　❸ 今晚 ＝「今夜」。店の人に 幾位？「何名様ですか？」と聞かれたら 三個人「3 人」ではなく 三位 sān wèi「3 名」と答えてもよい。　❹ 貴姓 ＝「お名前（名前の尊敬語）」。
＊台湾には、吃飯皇帝大「食事中は皇帝よりエライ」（皇帝に呼ばれても食事中は行かなくても罪にならないという意味）ということわざがあるように、台湾人 は食事の時間をとても大事にします。

108

置き換え練習 🔊 085

ㄨㄛˇ ㄒㄧㄤˇ

我 想 〜 。 （私は）〜したいです。
Wǒ xiǎng

解説 我想〜「（私は）〜したいです」は、自分の希望（ここでは予約の内容など）を相手に伝えるときに用いる表現。

置き換え単語

ㄉㄧㄥˋ ㄌㄧㄤˇ ˙ㄍㄜ ㄖㄣˊ
❶ **訂 兩 個 人** 　動+名 ２人分の(席を)　▶我想**訂兩個人**。
dìng liǎng ge rén 　　　　予約をする

ㄉㄧㄥˋ ㄇㄧㄥˊ ㄊㄧㄢ
❷ **訂 明 天** 　動+名 明日の予約をする　▶我想**訂明天**。
dìng míng tiān

ㄉㄧㄥˋ ㄌㄧㄡˋ ㄉㄧㄢˇ
❸ **訂 六 點** 　動+名 ６時に予約する　▶我想**訂六點**。
dìng liù diǎn

ㄑㄩˇ ㄒㄧㄠ
❹ **取 消** 　動 キャンセルする　▶我想**取消**。
qǔ xiāo

ㄏㄨㄢˋ ㄕˊ ㄐㄧㄢ
❺ **換 時 間** 　動+名 時間を変更する　▶我想**換時間**。
huàn shí jiān

ㄉㄚˇ ㄅㄠ
❻ **打 包** 　動 持ち帰る　▶我想**打包**。
dǎ bāo

❶
ㄏㄞˊ ㄧㄡˇ ㄗㄨㄛˋ ㄨㄟˋ ·ㄇㄚ
還 有 座 位 嗎 ?
Hái yǒu zuò wèi ma?

まだ席はありますか？

［**還有**（まだある）＋ **~嗎?**］＝「まだ~はありますか？」。有（動詞）の後ろに名詞を置く。

---

❷
ㄧㄠˋ ㄉㄥˇ ㄉㄨㄛ ㄐㄧㄡˇ
要 等 多 久 ?
Yào děng duō jiǔ?

どのくらい待ちますか？

要は「必要である」、**等**は「待つ」。**多久?**「どのくらい？」（疑問詞）は動詞の後ろに置いて時間の長さを尋ねる。何分間、何時間か分からないときに「**多久?**」を使う。

---

❸
ㄧㄡˇ ㄊㄨㄟ ㄐㄧㄢˋ ·ㄉㄜ ·ㄇㄚ
有 推 薦 的 嗎 ?
Yǒu tuī jiàn de ma?

おすすめはありますか？

推薦＝「おすすめ」。的の後ろに**菜** cài（料理）が省略されている。どの料理にするか迷ったときに使えるフレーズ。

---

❹
ㄓㄜˋ ㄕˋ ㄕㄣˊ ·ㄇㄜ
這 是 什 麼 ?
Zhè shì shén me?

これは何ですか？

這は「これ」。近くにないものや具体的に指し示すことができないものを聞くときは**那** nà「あれ / それ」を使って**那是什麼?**「あれ / それは何ですか？」と言う。

---

❺
ㄧ ㄆㄢˊ ㄧㄡˇ ㄐㄧˇ ·ㄍㄜ
一 盤 有 幾 個 ?
Yì pán yǒu jǐ ge?

一皿何個ありますか？

盤はお皿の量詞。数詞の後に量詞を置く。例：**一盒有幾個?**「1ケースに何個ありますか？」（**盒** hé は箱の量詞）

---

❻
ㄧㄡˇ ㄕㄣˊ ·ㄇㄜ ㄈㄢˋ ㄏㄡˋ ㄊㄧㄢˊ ㄉㄧㄢˇ
有 什 麼 飯 後 甜 點 ?
Yǒu shén me fàn hòu tián diǎn?

食後のデザートは何がありますか？

有什麼?＝「何がある？」。不確定なものなどを質問するときに用いる表現。**飯後甜點**＝「食後のデザート」

❼ 我 點 的 菜 還 沒 來 。
ㄨㄛˇ ㄉㄧㄢˇ ·ㄉㄜ ㄘㄞˋ ㄏㄞˊ ㄇㄟˊ ㄌㄞˊ
Wǒ diǎn de cài hái méi lái.

注文した料理がまだ来ません。

點=「注文する」、**菜**=「料理」、**還沒來**=「まだ来ない」。**的**の後ろに料理名を置く。例: **我點的炒飯**=「注文したチャーハン」

❽ 請 幫 我 收 一 下 盤 子 。
ㄑㄧㄥˇ ㄅㄤ ㄨㄛˇ ㄕㄡ ㄧˊ ㄒㄧㄚˋ ㄆㄢˊ ·ㄗ
Qǐng bāng wǒ shōu yí xià pán zi.

お皿をちょっと片付けてください。

幫我~「私が~するのを手伝う」(本来は自分がやるべきだが代わりにやってくださいというニュアンス)、**收**=「片付ける」、**一下**=「ちょっと」。**收一下碗**なら「茶碗をちょっと片付ける」。

❾ 湯 匙 掉 到 地 上 了 。
ㄊㄤ ㄔˊ ㄉㄧㄠˋ ㄉㄠˋ ㄉㄧˋ ㄕㄤˋ ·ㄌㄜ
Tāng chí diào dào dì shàng le.

スプーンを床に落としました。

湯匙=「スプーン」、**掉到**=「落とす」、**地**=「床」、**上**=「(物体の)表面、上」。文末の**了**は過去形を表す。

❿ 請 幫 我 打 包 。
ㄑㄧㄥˇ ㄅㄤ ㄨㄛˇ ㄉㄚˇ ㄅㄠ
Qǐng bāng wǒ dǎ bāo.

(持って帰りたいので) 包んでください。

打包=「包んで持ち帰る」。台湾の飲食店では、食品ロス削減のために残った料理は包んで持ち帰れることが多い。

⓫ 一 起 算 。
ㄧˋ ㄑㄧˇ ㄙㄨㄢˋ
Yì qǐ suàn.

一緒に勘定します。

一起=「一緒に」、**算**=「勘定する」。まとめて勘定するときは**一起算**と一言添えるとスムーズにいく。ちなみに台湾では割り勘の習慣はあまりない。

⓬ 各 付 各 的 。
ㄍㄜˋ ㄈㄨˋ ㄍㄜˋ ·ㄉㄜ
Gè fù gè de.

別々に払います。

各=「それぞれ」、**付**=「支払う」。**的**の後ろの代金を省略している。日本語で言う「割り勘」をするときはこの決まり文句を使う。

111

① ㄘㄢ ㄊㄧㄥ □ 餐 廳	cān tīng	名 飲食店、レストラン
② ㄌㄥˇ ㄆㄢˊ □ 冷 盤	lěng pán	名 前菜
③ ㄏㄨㄛˇ ㄍㄨㄛ □ 火 鍋	huǒ guō	名 鍋
④ ㄍㄨㄥ ㄅㄠˇ ㄐㄧ ㄉㄧㄥ □ 宮 保 雞 丁	gōng bǎo jī dīng	名 鶏肉とナッツの甘酢醤油炒め （宮保鶏丁）
⑤ ㄙㄢ ㄅㄟ ㄏㄡˊ ㄊㄡˊ ㄍㄨ □ 三 杯 猴 頭 菇	sān bēi hóu tóu gū	名 ヤマブシタケの醤油煮込み （三杯猴頭菇）
⑥ ㄙㄨㄢ ㄌㄚˋ ㄊㄤ □ 酸 辣 湯	suān là tāng	名 酸辣湯（サンラータン）
⑦ ㄧㄡˊ ㄈㄢˋ □ 油 飯	yóu fàn	名 台湾風おこわ（油飯）
⑧ ㄓㄨˊ ㄙㄨㄣˇ ㄕㄚ ㄌㄚ □ 竹 筍 沙 拉	zhú sǔn shā lā	名 竹の子サラダ
⑨ ㄘㄞˋ ㄆㄨˇ ㄉㄢˋ □ 菜 脯 蛋	cài pǔ dàn	名 干し大根の卵焼き
⑩ ㄈㄢ ㄑㄧㄝˊ ㄔㄠˇ ㄉㄢˋ □ 蕃 茄 炒 蛋	fān qié chǎo dàn	名 トマトと卵の炒めもの

❺ 三杯＝台湾料理の代表的な味付けで3種の調味料（酒、ゴマ油、醤油）を同量合わせたもの。ほかに三杯雞 sān bēi jī（鶏肉）、三杯魷魚 sān bēi yóu yú（イカ）などがある。❼ 油飯＝ゴマ油で炒めた干しエビ、干しシイタケ、豚肉などの具材をもち米に混ぜて蒸す。

⑪ ㄐㄧㄚ ㄔㄤˊ ㄉㄡˋ ㄈㄨˇ
□ 家 常 豆 腐　jiā cháng dòu fǔ　名 中華風焼き豆腐

⑫ ㄔㄠˇ ㄎㄨㄥ ㄒㄧㄣ ㄘㄞˋ
□ 炒 空 心 菜　chǎo kōng xīn cài　名 空芯菜炒め

⑬ ㄍㄢ ㄕㄠ ㄒㄧㄚ ㄖㄣˊ
□ 乾 燒 蝦 仁　gān shāo xiā rén　名 海老のチリソース

⑭ ㄒㄧㄢˊ ㄒㄧㄢˇ ㄗˇ
□ 鹹 蜆 仔　kiâm-lâ-á [xián xiǎn zǐ]　名 シジミの醤油漬け（＊ギャムラー）

⑮ ㄊㄤˊ ㄘㄨˋ ㄩˊ
□ 糖 醋 魚　táng cù yú　名 白身魚の甘酢あんかけ（糖醋魚）

⑯ ㄓㄠ ㄆㄞˊ ㄘㄞˋ
□ 招 牌 菜　zhāo pái cài　名 看板料理

＊⑭ 鹹蜆仔は台湾語の「ギャムラー」で注文した方が通じるのでこちらを覚えておくとよい。

+α 台湾で食べてみたい珍しい野菜

金針菜 jīn zhēn cài　ユリ科の本萱草（ホンカンゾウ）という花のつぼみ。漢方の食材としても重用され、シャキシャキとした食感で炒め物やスープに使う。

水蓮菜 shuǐ lián cài　ツルように長く中が空洞なのが特徴。ワイヤーのように束ねてクルクル巻いた状態で売られている。

九層塔 jiǔ céng tǎ　別名、台湾バジル。三杯料理には欠かせない野菜。

茭白筍 jiāo bái sǔn　マコモダケ。クセがなく柔らかい竹の子のような食感が特徴。

娃娃菜 wá wá cài　ミニ白菜。「娃娃」は赤ちゃんという意味。

龍鬚菜 lóng xū cài　龍の髭のようなツルが特徴のウリ科の野菜。

夜市・小吃

 ：日本人　：小吃店の店員

夜市では日本人には珍しい食材を使った料理がたくさん売られています。臭豆腐は豆腐を発酵させて作った加工食品で、独特な臭いがあるため苦手な人も大勢います。油で揚げたものを豆板醤に付けて、台式泡菜 tái shì pào cài（酢キャベツ）と一緒にいただくのが伝統的な食べ方です。蒸した臭豆腐はあまりに臭いが強烈なので初心者にはおすすめしません。以下は食べられそうにないものをすすめられたときの会話です。

基本会話　🔊 088

 ❶
臭　豆　腐　敢　吃　嗎 ？
イ又ˋ ㄉ又ˋ ㄈㄨˇ ㄍㄢˇ ㄔ ·ㄇㄚ
Chòu dòu fǔ gǎn chī ma?

臭豆腐は食べられますか？

---

 ❷
我　不　敢　吃　臭　豆　腐 。
ㄨㄛˇ ㄅㄨˋ ㄍㄢˇ ㄔ イ又ˋ ㄉ又ˋ ㄈㄨˇ
Wǒ bù gǎn chī chòu dòu fǔ.

臭豆腐は食べられません。

---

 ❸
吃　吃　看　嗎 ？
ㄔ ㄔ ㄎㄢˋ ·ㄇㄚ
Chī chī kàn ma?

ちょっと食べてみますか？

---

 ❹
我　吃　一　口　看　看 。
ㄨㄛˇ ㄔ ㄧˋ ㄎ又ˇ ㄎㄢˋ ㄎㄢˋ
Wǒ chī yì kǒu kàn kàn.

一口試してみます。

---

❶ **敢**「食べる勇気がある」は、相手に挑戦してみてほしいときに用いる。 ❷ **不敢吃**＝「食べる勇気がない」
❸ **吃吃看**「ちょっと食べてみる」 ❹ **吃～看看**「ちょっと～を食べてみる」。**吃吃**と**看看**は動詞の重ね型で**吃吃看**も**吃看看**も同じ意味。**吃～看看**は吃の後ろにの**一口**（動量詞）を置いて、動作の回数を表す。

置き換え練習

🔊 089

ㄨㄛˇ ㄅㄨˋ ㄍㄢˇ ㄔ

我 不 敢 吃 ～。　(私は)～を食べられません。

Wǒ　bù　gǎn　chī

解説　我不敢吃～「(私は) ～を食べられません」は、ある食べ物を食べられないときや食べる勇気がないときの表現。

置き換え単語

ㄊㄧㄢˊ ㄐㄧ

❶ 田 雞　　　**名** 食用カエル　　▶我不敢吃田雞。
tián　jī

ㄒㄧㄤ ㄘㄞˋ

❷ 香 菜　　　**名** パクチー　　　▶我不敢吃香菜。
xiāng cài

ㄓㄨ ㄐㄧㄠˇ

❸ 豬 腳　　　**名** 豚足　　　　　▶我不敢吃豬腳。
zhū　jiǎo

ㄐㄧ ㄓㄨㄚˇ

❹ 雞 爪　　　**名** 鶏の足　　　　▶我不敢吃雞爪。
jī　zhuǎ

ㄧㄚ ㄕㄜˊ

❺ 鴨 舌　　　**名** アヒルの舌　　▶我不敢吃鴨舌。
yā　shé

ㄓㄨ ㄒㄧㄝˇ ㄍㄠ

❻ 豬 血 糕　　**名** 豚の血入りの餅　▶我不敢吃豬血糕。
zhū　xiě　gāo

⑩ 豬血糕＝もち米に豚の血を練り込んで蒸し固めたもの。きな粉を付けて食べたり、おでんの具にする。

夜市・スイーツ

：日本人　：豆花店の店員

夜市やグルメ屋台街は台湾の代表的な食文化の1つです。安くておいしい夜市の最大の特徴は、いろいろなものが一度に味わえる楽しさにあります。台北最大級の夜市は士林夜市で、MRT 淡水線の「剣潭 Jiàn tán」駅で降りるとすぐ目の前にあります。士林夜市はグルメだけでなく、洋服やアクセサリー、雑貨の店なども並んでいます。夜市でも売っている台湾スイーツの代表、豆花を食べるときはトッピングを注文してみましょう。

基本会話

 090

 ❶
ㄅㄧㄥ ㄉㄡˋ ㄏㄨㄚ ㄧˊ ·ㄍㄜ

冰 豆 花 一 個 。
Bīng dòu huā yí ge.

冷たい豆花1つください。

---

 ❷
ㄧㄠˋ ㄐㄧㄚ ㄕㄣˊ ·ㄇㄜ

要 加 什 麼 ？
Yào jiā shén me?

トッピングはどうしますか？

---

 ❸
ㄑㄧㄥˇ ㄐㄧㄚ ㄏㄨㄥˊ ㄉㄡˋ ㄏㄞˊ ㄧㄡˇ ㄩˋ ㄊㄡˊ

請 加 紅 豆 還 有 芋 頭 。
Qǐng jiā hóng dòu hái yǒu yù tóu.

アズキとタロイモを入れてください。

---

 ❹
ㄏㄠˇ ㄙˋ ㄕˊ ㄎㄨㄞˋ

好 ， 四 十 塊 。
Hǎo, sì shí kuài

はい。40元です。

---

❶ 冰 =「冷たい」。熱豆花 rè dòu huā は「温かい豆花」。 ❷ 加「加える」は、ここでは「トッピングする」という意味。 ❸ 紅豆 =「アズキ」、芋頭 =「タロイモ」 ❹ 塊 は「元（台湾の通貨単位）」の口語。

置き換え練習 🔊 091

ㄑㄧㄥˇ ㄐㄧㄚ　　　ㄏㄞˊ ㄧㄡˇ

請加 A 還有 B。 AとBを加えてください。
Qǐng jiā　　hái yǒu

解説 **請加 A 還有 B**「AとBを加えてください」はトッピングを注文するときに使える表現。
さらに追加したいときは「請加 A 還有 B 還有 C 還有 D…」と続ければよい。

置き換え単語

❶ ㄏㄨㄚ ㄕㄥ　ㄈㄣˇ ㄩㄢˊ **花生 / 粉圓** huā shēng　fěn yuán	名 ピーナッツ タピオカ	▶請加**花生** 還有**粉圓**。
❷ ㄌㄧㄢˊ ㄗˇ　ㄧˋ ㄖㄣˊ **蓮子 / 薏仁** lián zǐ　yì rén	名 蓮の実 ハトムギ	▶請加**蓮子** 還有**薏仁**。
❸ ㄩˋ ㄩㄢˊ　ㄌㄩˋ ㄉㄡˋ **芋圓 / 綠豆** yù yuán　lǜ dòu	名 タロイモ団子 緑豆	▶請加**芋圓** 還有**綠豆**。
❹ ㄈㄣˇ ㄍㄨㄛˇ　ㄇㄞˋ ㄆㄧㄢˋ **粉粿 / 麥片** fěn guǒ　mài piàn	名 葛切り餅(フンクエ*) オートミール	▶請加**粉粿** 還有**麥片**。
❺ ㄉㄧˋ ㄍㄨㄚ ㄩㄢˊ　ㄒㄧㄢ ㄘㄠˇ **地瓜圓 / 仙草** dì guā yuán　xiān cǎo	名 さつまいも団子 仙草ゼリー	▶請加**地瓜圓** 還有**仙草**。
❻ ㄅㄞˊ ㄇㄨˋ ㄦˇ　ㄊㄤ ㄩㄢˊ **白木耳 / 湯圓** bái mù ěr　tāng yuán	名 白キクラゲ 白玉団子	▶請加**白木耳** 還有**湯圓**。

❹ **粉粿**は台湾語の「フンクエ hún-kóe」の方が通じる。豆花のメニューには**三色** sān sè **豆花**「トッピング 3
種類」、**綜合** zòng hé **豆花**「トッピング 4 〜 5 種類」、**傳統** chuán tǒng **豆花**「昔ながらの豆花」、**鮮奶** xiān
nǎi **豆花**「ミルク豆花」などもある。

117

夜市・ドリンク

 ：日本人　　：ドリンクスタンドの店員

夜市ではたくさんの果物が山盛りに積まれていて、「現榨果汁 xiàn zhà guǒ zhī」と書いてあれば、その場で新鮮な果物を搾ってフレッシュジュースにしてくれます。木瓜牛奶汁 mù guā niú nǎi zhī（パパイヤミルク）、椰子汁 yé zi zhī（ココナッツジュース）のほか、日本ではまだ珍しい西瓜汁 xī guā zhī（スイカジュース）も日本人に人気です。以下はドリンクを注文するときの会話です。

基本会話　　　　🔊092

 ❶ **珍珠奶茶一杯。**
ㄓㄣ ㄓㄨ ㄋㄞˇ ㄔㄚˊ ㄧ ㄅㄟ
Zhēn zhū nǎi chá yì bēi.

タピオカミルクティを1杯。

---

 ❷ **大杯中杯？**
ㄉㄚˋ ㄅㄟ ㄓㄨㄥ ㄅㄟ
Dà bēi zhōng bēi?

Lですか、Mですか？

---

 ❸ **我要大杯。**
ㄨㄛˇ ㄧㄠˋ ㄉㄚˋ ㄅㄟ
Wǒ yào dà bēi.

Lです。

---

 ❹ **外帶內用？**
ㄨㄞˋ ㄉㄞˋ ㄋㄟˋ ㄩㄥˋ
Wài dài nèi yòng?

お持ち帰りですか、店で飲みますか？

---

 ❺ **我要外帶。**
ㄨㄛˇ ㄧㄠˋ ㄨㄞˋ ㄉㄞˋ
Wǒ yào wài dài.

持ち帰ります。

---

❷ **大杯**＝「Lサイズ」、**中杯**＝「Mサイズ」。大杯と中杯の間に**還是** hái shi「それとも」が省略されている（**大杯還是中杯？**）。台湾のMサイズは日本のLサイズに相当する大きさなので、飲み切れる自信がなければMサイズがおすすめ。❹**外帶**「テイクアウト」と**內用**「店内」の間に**還是**が省略されている。

118

置き換え練習　🔊 093

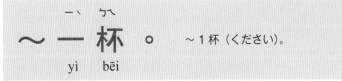

~ 一 杯 。　～1杯（ください）。
　yì bēi

解説 ~一杯「～1杯（ください）」は飲み物を注文するときに用いる表現。**一杯**を名詞の前に置いて注文しても OK。（例：**一杯珍珠奶茶**）

置き換え単語

❶ 冬 瓜 綠 茶　　名 トウガン緑茶　　▶冬瓜綠茶一杯。
dōng guā lù chá

❷ 水 果 茶　　名 フルーツ茶　　▶水果茶一杯。
shuǐ guǒ chá

❸ 芒 果 牛 奶　　名 マンゴーミルク　　▶芒果牛奶一杯。
máng guǒ niú nǎi

❹ 柳 橙 汁　　名 オレンジジュース　　▶柳橙汁一杯。
liǔ chéng zhī

❺ 奶 蓋 茶　　名 チーズティー　　▶奶蓋茶一杯。
nǎi gài chá

❻ 觀 音 拿 鐵　　名 鉄観音茶ラテ　　▶觀音拿鐵一杯。
Guān yīn ná tiě

❺ 奶蓋茶は、ほんのりしょっぱい濃厚なチーズクリームを乗せて "蓋をした" お茶（奶蓋綠茶、奶蓋紅茶、奶蓋鉄観音茶など多種）。

フルーツ①

 ：日本人　 ：果物店の店員

台湾といえば、果物王国。日本であまり見かけない果物もたくさんあります。例えば龍眼 lóng yǎn は皮を剥くとライチのような白い実が出てくる果物で、乾燥させて漢方薬としても使います。切ると断面が星型になる楊桃 yáng táo（スターフルーツ）は、喉にちょっと不快感があるときに食べると治ると言われています。以下は初めて食べる果物について聞くときに使えるフレーズです。

基本会話　　🔊 094

 ❶
ㄓㄜˋ　ㄕˋ　ㄕㄣˊ　·ㄇㄜ　ㄕㄨㄟˇ　ㄍㄨㄛˇ

這 是 什 麼 水 果 ？
Zhè　shì　shén　me　shuǐ　guǒ?

これはなんという果物ですか？

---

 ❷
ㄓㄜˋ　ㄕˋ　ㄌㄧㄢˊ　ㄨˋ

這 是 蓮 霧 。
Zhè　shì　lián　wù.

これはレンブです。

---

 ❸
ㄕㄣˊ　·ㄇㄜ　ㄨㄟˋ　ㄉㄠˋ

什 麼 味 道 ？
Shén　me　wèi　dào?

どんな味ですか？

---

 ❹
ㄘㄨㄟˋ　ㄘㄨㄟˋ　ㄊㄧㄢˊ　ㄊㄧㄢˊ　·ㄉㄜ

脆 脆 甜 甜 的 。
Cuì　cuì　tián　tián　de.

シャキシャキしてて甘いです。

---

❶[什麼（なんという）+ 水果（果物）？] =「なんという果物ですか？」。❸[什麼（どんな）+ 味道（味）？] =「どんな味ですか？」。❶と❸の表現は、初めて見るものの名前や特徴を聞くときに使う。❷ 蓮霧はリンゴと梨を組み合わせたような味と食感で、爽やかな甘みと酸味のある高級果物。❹脆脆甜甜は脆「シャキシャキ」と甜「甘い」の重ね型を組み合わせた状態形容詞で、具体的な状況を生き生きと表現するときに使う。

置き換え練習　🔊 095

ㄓㄜˋ　ㄕˋ　ㄕㄣˊ　·ㄇㄜ

這 是 什 麼 〜 ? これはなんという〜ですか？
Zhè　shì　shén　me

解説 這是什麼〜?「これはなんという〜ですか？」は、それがどんなものかが分からないときに用いる表現。

置き換え単語

ㄘㄞˋ
❶ 菜　🅜 料理　▶這是什麼菜？
cài

ㄖㄡˋ
❷ 肉　🅜 肉　▶這是什麼肉？
ròu

ㄩˊ
❸ 魚　🅜 魚　▶這是什麼魚？
yú

ㄅㄠ　·ㄗ
❹ 包 子　🅜 中華まんじゅう　▶這是什麼包子？
bāo　zi

ㄊㄧㄢˊ ㄉㄧㄢˇ
❺ 甜 點　🅜 デザート　▶這是什麼甜點？
tián　diǎn

ㄍㄨㄛˇ ㄓ
❻ 果 汁　🅜 ジュース　▶這是什麼果汁？
guǒ　zhī

❹包子は中華まんじゅうの総称で、**肉包** ròu bāo「肉まんじゅう」、**韭菜包** jiǔ cài bāo「ニラまんじゅう」、**高麗菜包** gāo lì cài bāo「キャベツまんじゅう」など、さまざまな種類がある。

121

フルーツ②

台湾の街角では果物を売っている店や屋台をよく見かけます。夜市や朝市、スーパーの
果物売り場では、食べやすくカットされて、透明なビニール袋や紙コップで売られてい
たりもします。なかには目の前で皮を剥いてくれる店もあり、南国ならではのトロピカ
ルな果物も豊富です。以下は、食べたことがないものについての会話です。

基本会話

◁ 096

❶ 你 吃 過 龍 眼 嗎 ?

ㄋㄧˇ ㄔ ㄍㄨㄛˋ ㄌㄨㄥˊ ㄧㄢˇ ・ㄇㄚ

Nǐ chī guò lóng yǎn ma?

(あなたは)龍眼を食べたことがありますか?

❷ 我 沒 吃 過 龍 眼 。

ㄨㄛˇ ㄇㄟˊ ㄔ ㄍㄨㄛˋ ㄌㄨㄥˊ ㄧㄢˇ

Wǒ méi chī guò lóng yǎn.

(私は)龍眼を食べたことがありません。

❸ 甜 甜 的 很 好 吃 。

ㄊㄧㄢˊ ㄊㄧㄢˊ ・ㄉㄜ ㄏㄣˇ ㄏㄠˇ ㄔ

Tián tián de hěn hǎo chī.

甘くておいしいですよ。

❹ 請 給 我 一 份 。

ㄑㄧㄥˇ ㄍㄟˇ ㄨㄛˇ ㄧˊ ㄈㄣˋ

Qǐng gěi wǒ yí fèn.

1人前ください。

❶ 吃「食べる」(動詞)の後ろに動態助詞の過を置いて、過去の経験を表す。吃過 =「食べたことがある」 ❷ 吃
過の否定形には沒を用いる。不は使わない。 ❸ 甜甜的 =「甘い(甜の重ね型)」 ❹ 份は複数個がセットになっ
ているものの量詞。ここではカットされたフルーツが入った紙コップのイメージ。

置き換え練習　🔊 097

ㄨㄛˇ ㄇㄟˊ ㄔ ㄍㄨㄛˋ

我 沒 吃 過 ～ 。 (私は)～を食べたことがありません。
Wǒ　méi　chī　guò

解説 我沒吃過～「(私は)～を食べたことがありません」は、ある食べ物を食べた経験がないことを伝えるときの表現。

置き換え単語

ㄌㄧˋ ㄓ
❶ 荔 枝
lì　zhī
名 ライチ
▶我沒吃過荔枝。

ㄕˋ ㄐㄧㄚ
❷ 釋 迦
shì　jiā
名 バンレイシ（シュガーアップル）
▶我沒吃過釋迦。

ㄇㄨˋ ㄍㄨㄚ
❸ 木 瓜
mù　guā
名 パパイヤ
▶我沒吃過木瓜。

ㄏㄨㄛˇ ㄌㄨㄥˊ ㄍㄨㄛˇ
❹ 火 龍 果
huǒ　lóng　guǒ
名 ドラゴンフルーツ
▶我沒吃過火龍果。

ㄅㄞˇ ㄒㄧㄤ ㄍㄨㄛˇ
❺ 百 香 果
bǎi　xiāng　guǒ
名 パッションフルーツ
▶我沒吃過百香果。

ㄅㄚ ㄌㄜˋ
❻ 芭 樂
bā　lè
名 グアバ
▶我沒吃過芭樂。

❶ ア ㄣˊ ・ㄇ ㄜ ㄏ ㄠˇ ㄔ ・ㄋ ㄜ
什麼好吃呢？
Shén me hǎo chī ne?

何がおいしいですか？

什麼＝「なに」、**好吃**＝「おいしい」。**呢**（語気助詞）は強調を表す。**什麼好吃呢？**は漠然とした対象の中でおいしいのはどれか聞いている。

---

❷ ㄋ ㄚˇ ・ㄍ ㄜ ㄏ ㄠˇ ㄔ
哪個好吃？
Nǎ ge hǎo chī?

どれがおいしいですか？

哪個＝「どれ」。個の前の一（数詞）が省略されている。**哪個好吃？**は目の前にあるいくつかのものの中でおいしいのはどれか聞いている。

---

❸ ㄨ ㄛˇ ㄒ ㄧ ㄤˇ ㄔ ㄋ ㄚˋ ・ㄍ ㄜ
我想吃那個。
Wǒ xiǎng chī nà ge.

私はあれが食べたいです。

想吃＝「食べたい」、**那個**＝「あれ」。食べたいものの名前や発音が分からないときは、指を差してこう言うのが確実。

---

❹ ㄨ ㄛˇ ㄧ ㄠˋ ㄖ ㄜˋ ・ㄉ ㄜ
我要熱的。
Wǒ yào rè de.

温かいのをください。

的の後ろに目的語が省略されている。例：**熱的咖啡** kā fēi「温かいコーヒー」。**熱**の反対語は**冰** bīng「冷たい」で、**我要冰的**は「冷たいのをください」となる。

---

❺ ㄨ ㄛˇ ㄧ ㄠˋ ㄒ ㄧ ㄠˇ ・ㄉ ㄜ
我要小的。
Wǒ yào xiǎo de.

小さいのをください。

大か小の選択肢があるときに使える。❹と同じく的の後ろに目的語が省略されている。「大きいのをください」は**我要大的** wǒ yào dà de。

---

❻ ㄨ ㄛˇ ㄧ ㄠˋ ㄧ ・ㄍ ㄜ
我要一個。
Wǒ yào yí ge.

１つください。

個（量詞）は使えるものが多いので、量詞が分からないものを指すときは**一個**で通じる。**我要～**は注文や買い物をするときによく使うフレーズ。

ㄅㄨˊ ㄧㄠˋ ㄉㄞˋ ˙ㄗ

❼ 不 要 袋 子 。

Bú yào dài zi.

袋はいりません。

袋子＝「袋、バッグ」。レジで**要袋子嗎？**「袋いりますか？」と聞かれたときの返事。台湾では、ほとんどの店でレジ袋が有料。

ㄩㄥˋ ㄕㄣˊ ˙ㄇㄜ ㄗㄨㄛˋ ˙ㄉㄜ

❽ 用 什 麼 做 的 ？

Yòng shén me zuò de?

（この料理は）何でできていますか？

用＝「用いる、使う（料理の材料など）」、**做的**「作ったもの」。**的**の後ろに目的語（**菜**「料理」）が省略されている。

+α 夜市の定番スイーツ

糖葫蘆 táng hú lú（フルーツ水飴）
プチトマトやプラムなどを串に刺して水飴でコーティングしたもの。日本でいうリンゴ飴のようなもの。

仙草凍 xiān cǎo dòng（仙草ゼリー）
漢方にも使われる仙草という植物から作ったゼリー。黒くて薬草っぽい独特な香りがある。

雞蛋糕 jī dàn gāo（たまごカステラ、またはベビーカステラ）
動物や乗り物の形をした素朴な味わいの一口大のカステラ。焼きたてはホクホクで特においしい。

雪花冰 xuě huā bīng（ミルクかき氷）
ミルクを凍らせて削ったかき氷で雪のようにフワッと溶ける食感が特徴。

蜜地瓜 mì dì guā（大学芋）
台湾産のさつまいもを蒸して麦芽糖などの蜜でからめたもの。油で揚げていないのでヘルシー。

+α ドリンクのオーダー方法（砂糖と氷の分量の目安）

無し ◄──────── 半分 ────────► 多い

糖 táng「砂糖」	**無** wú	**微** wéi	**半** bàn	**少** shǎo	**全** quán
冰 bīng「氷」	**去** qù	**微** wéi	**半** bàn	**少** shǎo	**全** quán

《オーダー例》

微糖微冰 wéi táng wéi bīng 「砂糖少し、氷少し」

無糖去冰 wú táng qù bīng 「砂糖無し、氷無し」

全糖少冰 quán táng shǎo bīng 「砂糖全部、氷少なめ」

少糖半冰 shǎo táng bàn bīng 「砂糖少なめ、氷半分」

125

① シャオ ロン バオ
□ 小 籠 包　xiǎo lóng bāo　名 小龍包（ショーロンボー）

② シュイ ジエン バオ
□ 水 煎 包　shuǐ jiān bāo　名 焼き小籠包

③ ルー ロウ ファン
□ 滷 肉 飯　lǔ ròu fàn　名 ルーロー飯（豚バラ肉の醤油煮込みのせご飯）

④ クー ズ ジエン
□ 蚵 仔 煎　ô-á-chian [kē zǐ jiān]　名 オアジェン＊（カキオムレツ）

⑤ ルー ウェイ
□ 滷 味　lǔ wèi　名 煮込み（台湾風おでん）

⑥ ロウ ユエン
□ 肉 圓　bàh-oán [ròu yuán]　名 バーワン＊（豚肉や筍、椎茸が入る餡を、さつまいも粉などから作った皮で包み蒸したもの）

⑦ ユー ワン タン
□ 魚 丸 湯　yú wán tāng　名 魚のつみれ団子のスープ

⑧ ヨウ ユー ゴン
□ 魷 魚 羹　yóu yú gēng　名 するめイカのとろみスープ

⑨ フー ジャオ ビン
□ 胡 椒 餅　hú jiāo bǐng　名 コショウ餅（豚肉、葱、胡椒を混ぜた餡を小麦粉で作った皮に包んで焼き上げたもの）

⑩ ダン ズ ミエン
□ 擔 仔 麵　dàn zǐ miàn　名 担仔麺（エビからだしをとったスープに肉味噌と野菜をかけて、小ぶりの茶碗に盛った麺。台南の伝統料理）

⑪ ジウ ツァイ バオ
□ 韭 菜 包　jiǔ cài bāo　名 ニラまんじゅう

126

⑫ ㄇㄧˇ ㄊㄞˊ ㄇㄨˋ
□ 米 苔 目　　mǐ tái mù　　名 ミータイムー（太くて短い米粉の麺）

⑬ ㄇㄧˇ ㄍㄠ
□ 米 糕　　mǐ gāo　　名 ミーガオ（肉そぼろのおこわ）

⑭ ㄨㄢˇ ㄍㄨㄛˇ
□ 碗 粿　　uánn-kué [wǎn guǒ]　　名 ワーグイ＊（ライスプディング。米粉と干しエビなどを碗に入れて蒸したもの）

⑮ ㄊㄧㄢˊ ㄅㄨˊ ㄌㄚˋ
□ 甜 不 辣　　tián bú là　　名 さつま揚げ

⑯ ㄗㄨㄥˋ ・ㄗ
□ 粽 子　　zòng zi　　名 ちまき

⑰ ㄇㄧㄢˋ ㄒㄧㄢˋ
□ 麵 線　　miàn xiàn　　名 麺線（ソーメンに煮た細麺をカツオだしのとろみスープで煮込んだもの）

＊❹ ❻ ⑭「蚵仔煎」「肉圓」「碗粿」はピンインの読みではなく台湾語の「オアジェン」「バーワン」「ワーグイ」で注文したほうが通じる。また、台湾語のピンインは中国語と違うので音声をそのまま覚えたほうがよい。⑩ 擔仔麵は dān zǎi miàn「ダンツァイメン」と発音することも多い。

+α 夜市の定番グルメ

大腸包小腸 dà cháng bāo xiǎo cháng（ライスホットドッグ）
もち米の腸詰めにあぶった香腸（台湾風ソーセージ）を挟み、好みのソースや薬味をかけて食べる。

鹽酥雞 yán sū jī（鶏の唐揚げ）
鹽 yán は「塩」、酥 sū は「パリパリの」という意味。五香粉など台湾ならではのスパイスが効いて、香ばしくサクサク食感の唐揚げ。鶏肉だけでなく、野菜や練り物など好きな具を選んでその場で揚げてもらう。

燒烤杏鮑菇 shāo kǎo xìng bào gū（焼きエリンギ）
醤油味、わさび味、レモン味など好みのタレを付けて焼いた杏鮑菇（エリンギ）を、一口大にカットして食べる。焼きたての香ばしさとシャキシャキした食感がおいしい。

葱油餅 cōng yóu bǐng（ネギ餅）
醤油小麦粉から作った生地にネギの細切りを巻き込んで焼いただけのシンプルな焼き餅。お好みでバジル、卵、チーズ、ハムなどと一緒に焼いてもらう。

お弁当

：日本人　：知り合いの台湾人

台湾でよく見かける「自助餐 zì zhù cān」は、セルフサービスの惣菜店です。店内で食事をすることも、お弁当としてテイクアウトすることもでき、専用の容器に自分が選んだ好きな惣菜を詰めればオリジナルのお弁当ができます。白いご飯が見えないほど具をたくさんのせるのが台湾のお弁当の基本です。以下は、おすすめの自助餐を聞いている会話です。

基本会話　🔊100

❶ 我 想 買 自 助 餐 便 當 。
Wǒ xiǎng mǎi zì zhù cān biàn dāng.

セルフサービスのお弁当を買いたいです。

❷ 那 家 自 助 餐 不 錯 。
Nà jiā zì zhù cān bú cuò.

あそこのセルフサービスの店がおいしいですよ。

❸ 菜 色 很 多 嗎 ？
Cài sè hěn duō ma?

おかずは多いですか？

❹ 大 概 有 三 十 種 。
Dà gài yǒu sān shí zhǒng.

だいたい30種類です。

❶ **自助餐**＝「セルフサービスの店」 ❷ **家**は商店やレストラン、会社などを数えるときの量詞で、**那家~**は「あの~（店など）」。**不錯**は「悪くない」という意味だが「かなりいい、けっこういい」とポジティブなニュアンスを含む。 ❸ **菜色**＝「料理の種類」 ❹ **大概**は「だいたい、おおよそ」（副詞）という意味で**有**（動詞）の前に置く。

置き換え練習　🔊 101

ㄨㄛˇ ㄒㄧㄤˇ ㄇㄞˇ　　ㄅㄧㄢˋ ㄉㄤ

我 想 買 ～ 便 當 。 (私は)～弁当を買いたいです。
Wǒ xiǎng mǎi 　　 biàn dāng

解説 我想買～便當「(私は)～弁当を買いたいです」は、買いたい弁当の種類を伝えるときの表現。

置き換え単語

ㄊㄞˊ ㄊㄧㄝˇ
❶ 台 鐵　❷ 台湾鉄路　▶我想買**台鐵**便當。
Tái tiě

ㄐㄧ ㄊㄨㄟˇ
❷ 雞 腿　❷ 鶏モモ肉　▶我想買**雞腿**便當。
jī tuǐ

ㄓㄨ ㄆㄞˊ
❸ 豬 排　❷ とんかつ　▶我想買**豬排**便當。
zhū pái

ㄏㄞˇ ㄒㄧㄢ
❹ 海 鮮　❷ 海鮮　▶我想買**海鮮**便當。
hǎi xiān

ㄖˋ ㄕˋ
❺ 日 式　❷ 日本風　▶我想買**日式**便當。
Rì shì

ㄆㄞˊ ㄍㄨˇ
❻ 排 骨　❷ 豚肉のスペアリブ　▶我想買**排骨**便當。
pái gǔ

❸ **牛排** niú pái はステーキ　❺ **日式**の**式**は「～風の」という意味。「タイ風(タイ=泰國)」なら**泰式** Tài shì

129

お茶

: 日本人　　: 茶芸館の店員　　: 日本人の友人

台湾はお茶の名産地です。台湾茶には発酵していない緑茶と、発酵している烏龍茶、紅茶があります。烏龍茶は産地によって凍頂烏龍茶、文山包種茶、高山烏龍茶、阿里山茶などさまざまな種類があります。台湾人がよく飲んでいる文山包種茶は、発酵の程度が弱いので清茶と言われています。自分の好みに合わせて選んでください。以下は、茶芸館にお茶を飲みに行ったときのやりとりです。

基本会話　　　📢102

❶ **你 要 喝 什 麼 茶？**
ㄋㄧˇ ㄧㄠˋ ㄏㄜ ㄕㄣˊ ·ㄇㄜ ㄔㄚˊ
Nǐ yào hē shén me chá?

何茶にしますか？

---

❷ **我 要 喝 高 山 茶。**
ㄨㄛˇ ㄧㄠˋ ㄏㄜ ㄍㄠ ㄕㄢ ㄔㄚˊ
Wǒ yào hē Gāo shān chá.

私は高山茶にします。

---

❸ **你 呢？**
ㄋㄧˇ ·ㄋㄜ
Nǐ ne?

あなたは？

---

❹ **我 也 一 樣。**
ㄨㄛˇ ㄧㄝˇ ㄧˊ ㄧㄤˋ
Wǒ yě yí yàng.

私も同じです。

---

❶ 能願助動詞 (p.34 参照) の**要**「～したい」は動詞の前に置いて意思を表す。**喝**＝「飲む」　❷ **高山茶**は一般に標高1,000m 以上の山で収穫される茶葉を使ったお茶の総称。❸ **～呢？**「～は？」は、疑問文で名詞の後ろに置いて相手の情況を尋ねる。　❹ **～也**「～も」(副詞) は**一樣**「同じ」(形容詞) の前に置いて同じであることを表す。

置き換え練習 🔊 103

ㄨㄛˇ 一ㄠˋ ㄏㄜ

我 要 喝 ～ 。 (私は) ～を飲みたいです。
Wǒ yào hē

解説 我要喝～「(私は)～を飲みたいです」は飲みたいものを伝えるときに用いる表現。「我要～」は「我想～」より思いが強く要求の対象がはっきりしているときに使う。

置き換え単語

ㄊ一ㄝˇ ㄍㄨㄢ 一ㄣ
❶ 鐵 觀 音　　　名 鉄観音　　▶我要喝**鐵觀音**。
Tiě guān yīn

ㄉㄨㄥ ㄈㄤ ㄇㄟˇ ㄖㄣˊ ㄔㄚˊ
❷ 東 方 美 人 茶　名 東方美人茶　▶我要喝**東方美人茶**。
Dōng fāng měi rén chá

ㄇㄛˋ ㄌ一ˋ ㄏㄨㄚ ㄔㄚˊ
❸ 茉 莉 花 茶　　名 ジャスミン茶　▶我要喝**茉莉花茶**。
mò lì huā chá

ㄅㄠ ㄓㄨㄥˇ ㄔㄚˊ
❹ 包 種 茶　　　名 包種茶　　▶我要喝**包種茶**。
Bāo zhǒng chá

ㄆㄨˇ ㄦˇ ㄔㄚˊ
❺ 普 洱 茶　　　名 プーアル茶　▶我要喝**普洱茶**。
Pǔ ěr chá

ㄐㄩˊ ㄏㄨㄚ ㄔㄚˊ
❻ 菊 花 茶　　　名 菊花茶　　▶我要喝**菊花茶**。
jú huā chá

朝食

 ：日本人　　 ：朝食屋さんの店員

台湾人は出勤前に朝食を外で買って食べる習慣があります。豆漿 dòu jiāng(豆乳) の店
は伝統的な朝食屋さんです。豆漿と米漿 mǐ jiāng（ピーナツと米でできた栄養満点の甘
い飲み物）は、焼餅や油條（次頁「＋α」参照）、飯糰 fàn tuán(おにぎり)、饅頭 mán
tóu(蒸しパン) などと一緒に食べるのが定番です。そのほか、肉まんや野菜まん、サン
ドイッチなどメニューも豊富です。豆漿の店で朝ごはんを注文してみましょう。

基本会話　　🔊104

 ❶ **你 要 甜 豆 漿 還 是 鹹 豆 漿 ？**
ㄋㄧˇ ㄧㄠˋ ㄊㄧㄢˊ ㄉㄡˋ ㄐㄧㄤ ㄏㄞˊ ㄕˋ ㄒㄧㄢˊ ㄉㄡˋ ㄐㄧㄤ

Nǐ　yào　tián　dòu　jiāng　hái　shì　xián　dòu　jiāng?
甘い豆乳にしますか、それともしょっぱい豆乳にしますか？

---

 ❷ **我 要 甜 豆 漿 。**
ㄨㄛˇ ㄧㄠˋ ㄊㄧㄢˊ ㄉㄡˋ ㄐㄧㄤ

Wǒ　yào　tián　dòu　jiāng.

甘い豆乳にします。

---

❸ **還 要 蛋 餅 。**
ㄏㄞˊ ㄧㄠˋ ㄉㄢˋ ㄅㄧㄥˇ

Hái　yào　dàn　bǐng.

あとは蛋餅をください。

---

 ❹ **請 慢 用 。**
ㄑㄧㄥˇ ㄇㄢˋ ㄩㄥˋ

Qǐng　màn　yòng.

どうぞごゆっくり。

---

❶ **甜**＝「甘い」、**鹹**＝「塩辛い」 ❸ [**還**「まだ」＋**要**「いる」] ＝「(ほかにも)まだいる」は、1つ注文した後に追加
で注文するときに使う。 ❹ **請慢用**の**慢**は「ゆっくり」、**用**は「食べる・飲む」の敬語で「どうぞゆっくり召し
上がってください」という意味になる。「請慢吃」とは言わない。

132

置き換え練習　🔊 105

ㄋㄧˇ ㄧㄠˋ 　　ㄏㄞˊ ㄕˋ
你要A還是B？
Nǐ yào hái shì

A にしますか、
それとも B にしますか？

解説 你要 A 還是 B? 「A にしますか、それとも B にしますか」は、相手に A か B を選択してもらうときに用いる表現。

置き換え単語

ㄊㄧㄢˊ ㄈㄢˋ ㄊㄨㄢˊ ㄒㄧㄢˊ ㄈㄢˋ ㄊㄨㄢˊ
❶ 甜 飯 糰 / 鹹 飯 糰
　　tián fàn tuán xián fàn tuán

🈂 甘いおにぎり／しょっぱいおにぎり ▶你要甜飯糰還是鹹飯糰？

ㄅㄧㄥ ㄉㄡˋ ㄐㄧㄤ ㄖㄜˋ ㄉㄡˋ ㄐㄧㄤ
❷ 冰 豆 漿 / 熱 豆 漿
　　bīng dòu jiāng rè dòu jiāng

🈂 冷たい豆乳／熱い豆乳 ▶你要冰豆漿還是熱豆漿？

ㄇㄢˊ ㄊㄡˊ ㄘㄞˋ ㄅㄠ
❸ 饅 頭 / 菜 包
　　mán tóu cài bāo

🈂 蒸しパン／野菜まん ▶你要饅頭還是菜包？

➕α　台湾人の朝を支える豆漿店の定番

鹹豆漿 xián dòu jiāng（塩味の豆乳スープ）

温かい豆乳に、刻みねぎ、干しエビなどの具材と一口大に切った「油條（揚げパン）」を入れ、お好みでラー油や黒酢をかけ、スープ感覚で食べる。

油條 yóu tiáo（揚げパン）

細長くカリッと揚げたパン。店頭にたくさん積み上げた豆漿店もよく見かける。

蛋餅 dàn bǐng（台湾風クレープ）

クレープ生地に卵焼きを巻き込んで焼いたシンプルなメニュー。チーズ、コーン、ハムなどお好みの具材を入れて食べてもおいしい。「醬油膏 jiàng yóu gāo」というとろみのあるだし醤油をかけて食べる。

焼餅 shāo bǐng（シャオビン）

パイ生地のようなサクサクのパン。卵焼きや油條を挟んで食べる。

❶ 可以外帶嗎？
ㄎㄜˇ 一ˇ ㄨㄞˋ ㄉㄞˋ ・ㄇㄚ
Kě yǐ wài dài ma?

持ち帰りにできますか？

可以～嗎？は相手に可否を尋ねるときに使う。朝食屋さんで、買ったものを持ち帰りたいときにこのフレーズが使える。

---

❷ 不要加熱。
ㄅㄨˊ 一ㄠˋ ㄐ一ㄚ ㄖㄜˋ
Bú yào jiā rè.

温かくしないでください。

不要～は「～しないでください」と強く要求するときに使う。**加熱**＝「（電子レンジなどで）温める」。包装しなくていいときは**不要包** bù yào bāo。

---

❸ 不要筷子。
ㄅㄨˊ 一ㄠˋ ㄎㄨㄞˋ ・ㄗ
Bú yào kuài zi.

お箸はいりません。

筷子＝「箸」。環境保護を意識してマイ箸を持ち歩く台湾人は少なくない。箸が付いていなかったら**我要筷子** wǒ yào kuài zi「箸が欲しいです」。

---

❹ 請分開包。
ㄑ一ㄥˇ ㄈㄣ ㄎㄞ ㄅㄠ
Qǐng fēn kāi bāo.

別々に包んでください。

請～は依頼するときの丁寧な言い方。**分開**＝「分けて」、**包**＝「包装する」。

---

❺ 一起包。
一ˋ ㄑ一ˇ ㄅㄠ
Yì qǐ bāo.

一緒に包んでください。

包（動詞）の前に**一起**「一緒に」（副詞）を置く。丁寧に言いたかったら**請一起包**。**一起**＋動詞で**一起去**「一緒に行く」、**一起吃**「一緒に食べる」

---

❻ 先付錢嗎？
ㄒ一ㄢ ㄈㄨˋ ㄑ一ㄢˊ ・ㄇㄚ
Xiān fù qián ma?

お金は先に払いますか？

付＝「支払う」、**錢**＝「お金」。**先**「先に」（副詞）は**付**（動詞）の前に置く。朝食屋さんではだいたいの店で注文したら食べる前に支払いをする。

関連単語　🔊 107

① 小 吃 店	xiǎo chī diàn	名 軽食の店
② 吃 到 飽 餐 廳	chī dào bǎo cān tīng	名 食べ放題のレストラン
③ 素 食 餐 廳	sù shí cān tīng	名 ベジタリアンレストラン
④ 自 助 餐 廳	zì zhù cān tīng	名 セルフサービスのレストラン
⑤ 便 當 店	biàn dāng diàn	名 お弁当屋さん
⑥ 麵 包 店	miàn bāo diàn	名 パン屋さん
⑦ 牛 肉 麵 店	niú ròu miàn diàn	名 牛肉麵の店
⑧ 火 鍋 店	huǒ guō diàn	名 鍋の店
⑨ 茶 藝 館	chá yì guǎn	名 茶芸館（伝統的な作法で入れた台湾茶が飲める店。茶芸体験や茶葉の購入もできる）
⑩ 美 食 街	měi shí jiē	名 フードコート（グルメ街）

❹ 自助餐廳の自助は「セルフサービス」という意味。重さで値段を決める量り売り形式が多い。

135

飲食店での決まり文句

飲食店でよく耳にする定型フレーズや、覚えておくと便利な決まり文句を集めました。

🧍=客　👤=店員

[入店]

👤 歡迎光臨！ 幾位？ Huān yíng guāng lín! Jǐ wèi?
「いらっしゃいませ！　何名さまですか？」

👤 這邊請！ Zhè biān qǐng!　「こちらへどうぞ！」

[注文①]

👤 您要點什麼？ Nín yào diǎn shén me? 「何になさいますか？」

🧍 招牌菜是什麼？ Zhāo pái cài shì shén me? 「おすすめは何ですか？」

[注文②]

🧍 先生！／小姐！ Xiān shēng! / Xiǎo jiě! 「（呼びかけて）すみません！」

🧍 再給我菜單。 Zài gěi wǒ cài dān. 「もう一度メニューください」

🧍 有啤酒嗎？ Yǒu pí jiǔ ma? 「ビールありますか？」

[会計①]

🧍 不好意思，我要結帳。 Bù hǎo yì si, wǒ yào jié zhàng.
「すみません、お会計お願いします！」

👤 好的，請稍等。 Hǎo de, qǐng shāo děng. 「はい、少々お待ちください」

👤 付現還是刷卡？ Fù xiàn hái shì shuā kǎ? 「現金ですか？　カードですか？」

🧍 刷卡。 Shuā kǎ. 「カードで」

[会計②]

👤 有會員卡嗎？ Yǒu huì yuán kǎ ma? 「メンバーズカードをお持ちですか？」

🧍 有。 Yǒu. 「持っています」 ／ 🧍 沒有。 Méi yǒu. 「持っていません」

👤 需要收據嗎？ Xū yào shōu jù ma? 「領収書はいりますか？」

🧍 要。 Yào. 「いります」 ／ 🧍 不用。 Bú yòng. 「けっこうです」

[店を出る]

🧍 太好吃了！ Tài hǎo chī le! 「とてもおいしかったです！」

🧍 我吃飽了！ Wǒ chī bǎo le! 「おなかいっぱいです！」

🧍 我還想再来！ Wǒ hái xiǎng zài lái! 「また来たいです！」

👤 謝謝。歡迎再來！ Xiè xie. Huān yíng zài lái! 「ありがとうございます。またご来店ください！」

+α 小吃の注文書 兼 メニュー

街でよく見かける庶民的な食堂にある注文書を読み解いてみました。

❶ **請打勾** qǐng dǎ gōu「チェック（✓）してください」

❷ **1份** yí fèn「1人前」：「份」は量詞。何個か入って1人前のときは「1份」と書いてある

❸ **小菜** xiǎo cài「副菜」：青菜炒めなど、定番のお惣菜の小皿。前菜やおつまみ、もう一品ほしいときに最適。

❹ **滷** ＝滷味 lǔ wèi「煮込み料理」：滷は「煮込む」。「滷味」の看板を揚げる店では、好きな具材をその場で煮てくれる。

日本語訳

□ 店内　□ 持ち帰り

ご飯類	麺類		
筒状のおこわ	汁無し麺		
そぼろ肉の煮込みご飯	汁麺		
豚の角煮のせご飯	骨付き豚バラ肉揚げ麺		
蒸し肉團（バーワン）	海鮮ビーフン		
米粉のお碗蒸し	ビーフン	汁無	汁有
サバヒー＊のお粥	米粉の平麺	汁無	汁有
カキのお粥	ワンタン麺		
ミックス粥（魚、カキ）	搾菜と細切り肉麺	汁無	汁有
魚の腹身のお粥			
海鮮粥	副菜		
そぼろ肉かけお弁当	A菜＊　豆苗　空芯菜		
豚の角煮弁当	さつまいもの葉　ほうれん草		
スープ類	白菜の煮付け		
豚バラ肉揚げのスープ	筍の煮付け		
苦瓜と豚バラ肉のスープ	テラピア（台湾鯛）		
筍と豚バラ肉のスープ	魚の腹身の干物		
四種の漢方入りスープ	魚の腹身の干物（半分）		
魚肉団子のスープ	魚の皮の干物		
肉団子のスープ	魚の頭の塩漬け		
魚肉スープ	ワンタンのラー油あえ		
魚の皮のスープ	煮卵		
魚の腹身のスープ	肉団子		
ワンタンスープ	厚揚げ		
カキのスープ	白飯		
魚肉団子＋魚の腹身スープ	ピータン豆腐		
備考	煮込み（昆布・豆干＊・豚のカシラ）		
	煮込み盛り合わせ		

❶ 請打勾 □内用 □外帶　000280

米　食		麵　類			
筒仔米糕	30	乾麵	45		
肉燥飯	30	湯麵	45		
爌肉飯 ❷	40	排骨酥麵	60		
清蒸肉圓 1份	30	海產米粉	90		
碗粿	30	米粉	45	乾	湯
虱目魚粥＊	55	粿仔條	45	乾	湯
蚵仔粥	55	餛飩麵	65	乾	湯
綜合粥(魚肉、蚵仔)70		榨菜肉絲麵	50	乾	湯
魚肚粥	95				
海產粥	90	小　菜			
爌肉便當	65	大陸A＊ 豆芽 空芯菜			40
肉燥便當	55	地瓜葉 菠菜			
湯　類		滷白菜	35		
排骨酥湯	40	滷筍干	30		
苦瓜排骨湯	40	吳郭魚	35		
竹筍排骨湯	40	鹹魚肚	90		
四神湯	35	鹹魚肚(半塊)	50		
魚丸湯	25	乾魚皮	45		
貢丸湯	25	鹹魚頭 2粒	35		
魚肉湯	40	紅油炒手	45		
魚皮湯	45	滷蛋	10		
魚肚湯	90	貢丸	5		
餛飩湯	45	油豆腐	5		
蚵仔湯	45	白飯	15		
魚丸+魚肚湯(半碗)	60	皮蛋豆腐	35		
備註：		❹ 滷味 海帶、豆干＊、豬頭皮40			
		滷味切盤			

＊サバヒー（虱目魚：サバヒーは台湾語）

台湾南部で漁れる台湾の大衆魚。淡白な白身魚で、お粥やスープの具に使われることが多い。

＊A菜（大陸妹）

逆さまに持つとアルファベットの「A」の形になるところからA菜と呼ばれる野菜。レタス科でシャキシャキしており、炒め物に多用される。

＊豆干

豆腐を乾燥させたもの。半生状のものをスライスして料理に使う。

コラム 台湾の素食文化

　台湾では 10 人に 1 人がベジタリアン。その人口はインドに次いで世界第 2 位と言われています。その理由は宗教や健康、動物愛護のほか、台湾では地球環境のためにベジタリアンになる人が増えています。ほとんどの食品やメニューに「全素 quán sù（動物性の材料を使っていないもの）」や「蛋奶素 dàn nǎi sù（乳製品を使っているもの）」の表示がしてあるほどです。

　なので、台湾の街を歩いてると、あちらこちらで見かけるのが 「素食 sù shí」「蔬食 shū shí」「卍 wàn」と書かれた看板。これらは、すべてベジタリアンの店です。また、素食のお店でなくても素食メニューがある店も少なくありません。例えば日本人に人気の 『鼎泰豐 Dǐng tài fēng』にも 「素餃 sù jiǎo」や「素包 sù bāo」などがあります。ベジタリアンメニューと聞くともの足りないイメージを持つかもしれませんが、台湾素食はおいしい！ 肉の代わりに豆腐や大豆肉、ゆば、猴頭菇（ヤマブシダケ）などを使い、味や食感をなるべく肉に近づけています。メニューも豊富で、素滷肉飯や素牛肉麺、素餃、素牛排、素フカヒレに素アワビなどなど、いろいろな味を楽しめます。

　台湾素食はベジタリアン料理の中で世界一と言われています。台湾に行ったら、ぜひ台湾でしか味わえない素食を食べてみてください。以下に、台北の素食レストランを一部紹介します。好みに合わせてご参考になさってください。

▶**明徳素食園** Míng dé sù shí yuán（バイキング式）　https://www.minder.com.tw
　20 年以上の歴史をもつ素食の老舗。ビュッフェスタイルの庶民派レストラン。

▶**陽明春天素食餐廳** Yáng míng chūn tiān sù shí cān tīng（無国籍料理）
　　　　　　　　　　　　　　　　　　　　　　　　　　https://ymspring.com.tw
　こだわりの素材を使った多彩なメニュー。店内はおしゃれな雰囲気。

▶**寛心園** Kuān xīn yuán（無国籍料理）　http://www.easyhouse.tw/index.aspx
　中華料理、日本料理、フランス料理、イタリア料理のエッセンスを組み合わせたユニークなメニュー。

▶**悦意坊** Yuè yì fáng（庶民的な食堂）
　定食のほかサラダバーやデザートもそろう庶民派レストラン。

▶**御蓮齋** Yù lián zhāi（食べ放題）　http://www.regal-lotus.com/shop/
　台湾の素食ビュッフェ店の草分け。メニューは 200 種類以上。600 席の大型レストラン。

▶**鈺善閣** Yù shàn gé（高級懐石）　https://www.yu-shan-ge.com.tw/jp/
　個室もある落ち着いた店内。値段は高いが見た目も味も洗練された懐石メニュー。

＊ URL は 2020 年 11 月現在のものです。

観光

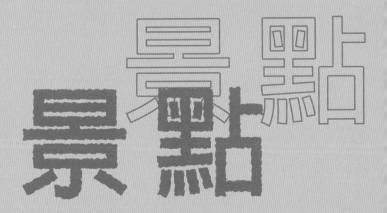

道を尋ねる①

 ：日本人　 ：道で会った台湾人

台北にある迪化街 Dí huà jiē は日本の上野アメヤ横町のようなエリアで、古くから問屋街として栄えました。乾物や茶葉、漢方薬などの店がたくさん並び、特に春節 Chūn jié（旧正月）の前になると、大勢のお客さんが買い出しに来てとてもにぎやかになります。レトロなバロック調の建築物が建ち並ぶ街で、風情を感じながら買い物が楽しめるので観光客にも人気です。もし道に迷ってしまったら、以下のフレーズで道を尋ねてみてください。

基本会話　　　　　　　　　　　　　　　　　🔊 109

 ❶ 請問， 迪化街在哪裡？
ㄑㄧㄥˇ ㄨㄣˋ　　ㄉㄧˊ ㄏㄨㄚˋ ㄐㄧㄝ ㄗㄞˋ ㄋㄚˇ ㄌㄧˇ
Qǐng wèn,　　Dí huà jiē zài nǎ lǐ?

ちょっとお聞きしますが、迪化街はどこですか？

---

 ❷ 我迷路了。
ㄨㄛˇ ㄇㄧˊ ㄌㄨˋ ・ㄌㄜ
Wǒ mí lù le.

道に迷ってしまいました。

---

 ❸ 右轉就是迪化街了。
ㄧㄡˋ ㄓㄨㄢˇ ㄐㄧㄡˋ ㄕˋ ㄉㄧˊ ㄏㄨㄚˋ ㄐㄧㄝ ・ㄌㄜ
Yòu zhuǎn jiù shì Dí huà jiē le.

右に曲がれば迪化街ですよ。

---

 ❹ 謝謝。
ㄒㄧㄝˋ ・ㄒㄧㄝ
Xiè xie.

ありがとうございます。

---

❶ **請問**「ちょっとお聞きします」は道を聞きたくて話し掛けるときの定番フレーズ。**〜在哪裡？**「〜はどこですか？」を使うときは**在**の前に尋ねる場所を置く。　❷ **迷路**＝「道に迷う、迷子になる」。**我迷路了**の**了**は「〜になってしまった」という状況の変化を表す。❸ **右轉**＝「右折する」。「左折する」は**左轉** zuǒ zhuǎn。**就是〜了**＝「ちょうどそこが〜です」。**就是**は範囲を定めて強く強調、肯定する表現。

140

置き換え練習 🔊 110

ㄨㄛˇ ・ㄌㄜ
我 ～ 了 。 (私は)～してしまいました。
Wǒ le

解説 我～了「(私は)～してしまいました」は、今自分がした動作やなった状態を相手に伝えるときに用いる表現。

置き換え単語

❶	ㄗㄡˇ ㄍㄨㄛˋ ㄊㄡˊ 走 過 頭 zǒu guò tóu	動 歩き過ごす	▶我走過頭了。	
❷	ㄗㄨㄛˋ ㄍㄨㄛˋ ㄊㄡˊ 坐 過 頭 zuò guò tóu	動 [電車やバスなどを] 乗り過ごす	▶我坐過頭了。	
❸	ㄗㄨㄛˋ ㄘㄨㄛˋ ㄍㄨㄥ ㄔㄜ 坐 錯 公 車 zuò cuò gōng chē	動+名 バスを乗り間違える	▶我坐錯公車了。	
❹	ㄗㄨㄛˋ ㄘㄨㄛˋ ㄉㄧㄢˋ ㄔㄜ 坐 錯 電 車 zuò cuò diàn chē	動+名 電車を乗り間違える	▶我坐錯電車了。	
❺	ㄗㄨㄛˋ ㄘㄨㄛˋ ㄒㄧㄢˋ 坐 錯 線 zuò cuò xiàn	動+名 電車の路線を乗り間違える	▶我坐錯線了。	
❻	ㄇㄞˇ ㄘㄨㄛˋ ㄆㄧㄠˋ 買 錯 票 mǎi cuò piào	動+名 切符を買い間違える	▶我買錯票了。	

❶❷ [動詞＋**過頭**] は「～し過ぎている、程度が度を越している」という意味。「寝過ごす」なら**睡過頭** shuì guò tóu ❸～❻ [動詞＋**錯**] は「～し間違える」という意味。「見間違える」なら**看錯** kàn cuò.

141

道を尋ねる②

：日本人　：道で会った台湾人

「九份老街 Jiǔ fèn lǎo jiē」は台北近郊の山中にあり、約120年前に金鉱が発見されて繁栄した小さな町です。その後衰退しましたが、台湾映画『悲情城市』のロケ地になったり、『千と千尋の神隠し』の舞台を彷彿とさせる街並みで、人気の観光地になりました。石畳の階段や提灯、古い建物などが醸し出す幻想的な雰囲気に飲みこまれてしまいそうになります。以下は目的地である九份までの行き方を尋ねる会話です。

基本会話 　🔊 111

 ❶
ㄐㄧㄡˇ ㄈㄣˋ ㄗㄣˇ ·ㄇㄜ ㄑㄩˋ
九 份 怎 麼 去 ？
Jiǔ　fèn　zěn　me　qù?

九份にはどのように行きますか？

 ❷
ㄗㄨㄛˋ ㄊㄞˊ ㄊㄧㄝˇ ㄉㄠˋ ㄖㄨㄟˋ ㄈㄤ
坐 台 鐵 到 瑞 芳 。
Zuò　Tái　tiě　dào　Ruì　fāng.

台鉄で瑞芳に行きます。

 ❸
ㄧㄠˋ ㄏㄨㄢˋ ㄔㄜ ·ㄇㄚ
要 換 車 嗎 ？
Yào　huàn　chē　ma?

乗り換えますか？

 ❹
ㄧㄠˋ ㄏㄨㄢˋ ㄍㄨㄥ ㄔㄜ
要 換 公 車 。
Yào　huàn　gōng　chē.

バスに乗り換えます。

❶ 怎麼「どのように」は手段を尋ねるときに使う。去＝「行く」。目的地の**九份**を文頭に置いて強調する。
❷ 瑞芳は台湾鉄路の駅名。台北駅から瑞芳駅までの所要時間は最速で約40分、瑞芳駅から**九份**へはバスかタクシーを利用する。

置き換え練習　　　　　　　　　　🔊112

ㄗㄣˇ・ㄇㄜ ㄑㄩˋ
～怎麼去？
zěn me qù

（～には）どのように行きますか？

解説　～怎麼去？「（～には）どのように行きますか？」は、目的地に行くための手段を尋ねるときに用いる表現。次ページの「～怎麼走？」は目的地に行くための道順を尋ねる表現。

置き換え単語

ㄗˊ ㄈㄣ
❶ 十 分　　　　　　名 十分　　　　　　▶十分怎麼去？
Shí fēn

ㄚ ㄌㄧˇ ㄕㄢ
❷ 阿 里 山　　　　名 阿里山　　　　　▶阿里山怎麼去？
Ā lǐ shān

ㄧㄥ ㄍㄜ
❸ 鶯 歌　　　　　　名 鶯歌　　　　　　▶鶯歌怎麼去？
Yīng gē

ㄕㄣ ㄎㄥ
❹ 深 坑　　　　　　名 深坑　　　　　　▶深坑怎麼去？
Shēn kēng

ㄨ ㄌㄞˊ
❺ 烏 來　　　　　　名 烏来　　　　　　▶烏來怎麼去？
Wū lái

ㄖˋ ㄩㄝˋ ㄊㄢˊ
❻ 日 月 潭　　　　名 日月潭　　　　　▶日月潭怎麼去？
Rì yuè tán

❶ **十分**（p.84 参照）　❷ **阿里山**＝阿里山山脈を中心とする山岳地帯。阿里山森林鉄道が人気。❹ **深抗**＝新北市にある臭豆腐の名産地。レトロな趣きのある深抗老街が見どころ　❺ **烏來**＝台北から日帰りで行ける温泉地。雄大な自然と先住民タイヤル族の文化を残す地域。❸❻ **鶯歌 / 日月潭**（p.85 参照）

143

道を尋ねる③

：日本人　：道で会った台湾人

台北市内の主な大きい道路は「〜路 lù」と言い、そこから枝分かれした細い道を「〜街 jiē」、さらに細い路地に入った所を「巷 xiàng」と呼びます。番地は、東に向かって行く場合は左側が奇数番、右側が偶数番になります。番地を手掛かりに行きたい方角を確認することができますが、慣れないうちは地図を持って歩いたほうがいいでしょう。以下は歩いている途中で道に迷ったときの会話です。

基本会話

🔊 113

❶
ㄑㄧㄥˇ ㄨㄣˋ　　　ㄌㄨㄥˊ ㄕㄢ ㄙˋ ㄗㄣˇ ·ㄇㄜ ㄗㄡˇ

請問， 龍山寺怎麼走？

Qǐng wèn, Lóng shān sì zěn me zǒu?

ちょっとお聞きしますが、龍山寺はどのように行きますか？

---

❷
ㄓˊ ㄗㄡˇ ㄗㄨㄛˇ ㄓㄨㄢˇ

直走左轉。

Zhí zǒu zuǒ zhuǎn.

まっすぐ行って左に曲がります。

---

❸
ㄑㄧㄥˇ ㄗㄞˋ ㄕㄨㄛ ㄧˊ ㄘˋ

請再說一次。

Qǐng zài shuō yí cì.

もう一度言っていただけますか。

---

❹
ㄨㄛˇ ㄉㄞˋ ㄋㄧˇ ㄑㄩˋ ·ㄅㄚ

我帶你去吧。

Wǒ dài nǐ qù ba.

私があなたを連れて行きましょう。

---

❶［怎麼＋走「歩く」］は、どのような道順で行けばよいか尋ねるときのフレーズ。❷ **直走** =「まっすぐ行く」、**左轉** =「左に曲がる」 ❸ **一次**「1回」は動作の後ろに置いて動作の回数を表す。**再說一次**は重点をもう一度言ってほしいときに使うが、**再說一遍** yí biàn と言うと最初から最後までもう一度話すという意味になる。❹ **帶你去** =「あなたを連れて行く」。吧は相手に提案するときや、同意を促すときに使う語気助詞。

置き換え練習　◀ 114

～怎麼走？
zěn me zǒu
ㄗㄣˇ ㄇㄜ˙ ㄗㄡˇ

～（には）どのような道順で行きますか？

解説 ～怎麼走？「～（には）どのような道順で行きますか？」は、歩いて目的地に行くようなときに道順を尋ねる表現。p.143の「～怎麼去？」は目的地に行くための手段を尋ねる表現。

置き換え単語

❶ **青田街**　ㄑㄧㄥ ㄊㄧㄢˊ ㄐㄧㄝ　Qīng tián jiē　名 青田街　▶青田街怎麼走？

❷ **龍泉街**　ㄌㄨㄥˊ ㄑㄩㄢˊ ㄐㄧㄝ　Lóng quán jiē　名 龍泉街　▶龍泉街怎麼走？

❸ **大龍街**　ㄉㄚˋ ㄌㄨㄥˊ ㄐㄧㄝ　Dà lóng jiē　名 大龍街　▶大龍街怎麼走？

❹ **中山北路**　ㄓㄨㄥ ㄕㄢ ㄅㄟˇ ㄌㄨˋ　Zhōng shān běi lù　名 中山北路　▶中山北路怎麼走？

❺ **民權西路**　ㄇㄧㄣˊ ㄑㄩㄢˊ ㄒㄧ ㄌㄨˋ　Mín quán xī lù　名 民權西路　▶民權西路怎麼走？

❻ **大安森林公園**　ㄉㄚˋ ㄢ ㄙㄣ ㄌㄧㄣˊ ㄍㄨㄥ ㄩㄢˊ　Dà ān sēn lín gōng yuán　名 大安森林公園　▶大安森林公園怎麼走？

❶❷ **青田街・龍泉街**＝日本統治時代の日本の木造建築が多く残り、当時の住宅を改築した雑貨店やリーズナブルなお店が並ぶ。永康街（MRT「東門」駅）からの散策コースにおすすめ。❷ **大龍街**＝現地の人で賑わう穴場的夜市がある。MRT「圓山」駅から徒歩約10分。

145

道を尋ねる④

 ：日本人　　：道で会った台湾人

台北車站 Tái běi chē zhàn（台北駅）は台鉄、高鉄、MRT、市内バスなどの中心駅となっており、ショップやレストランが並ぶ駅舎の2階は便利で賑わうエリアです。MRT 台北駅の1つ先、西門駅には映画館や小吃店、ファッションや雑貨の店が密集しています。日本でいう渋谷や原宿のような、若者に人気のエリアなのでぜひ観光してみてください。目的地までの道を聞いて、所要時間も知りたいときは以下のフレーズが便利です。

基本会話　　🔊 115

 ❶
ㄗㄨㄛˋ ㄐㄧㄝˊ ㄩㄣˋ ㄧㄠˋ ㄐㄧˇ ㄈㄣ ㄓㄨㄥ

坐 捷 運 要 幾 分 鐘 ?

Zuò　Jié　yùn　yào　jǐ　fēn zhōng?

MRT で何分かかりますか？

---

 ❷
ㄉㄚˋ ㄍㄞˋ ㄕˊ ㄨˇ ㄈㄣ

大 概 十 五 分 。

Dà　gài　shí　wǔ　fēn.

だいたい 15 分です。

---

 ❸
ㄗㄨㄛˋ ㄐㄧˋ ㄔㄥˊ ㄔㄜ ˙ㄋㄜ

坐 計 程 車 呢 ?

Zuò　jì　chéng chē　ne?

タクシーでは？

---

 ❹
ㄉㄚˋ ㄍㄞˋ ㄦˋ ㄕˊ ㄈㄣ

大 概 二 十 分 。

Dà　gài　èr　shí　fēn.

だいたい 20 分です。

---

❶ 要は「(時間が) かかる」という意味。分鐘は時間の単位「分」。分鐘の鐘を省略して坐捷運要幾分？でもOK。❷ 大概「大体、おそらく」(副詞) は、時間の前に置く。大概の後に要、末尾に鐘が省略されているので丁寧に答えるには「大概要十五分鐘」と言う。❸ 計程車＝「タクシー」。～呢？(語気助詞) は名詞の後に置いてどんな状況かを尋ねる。

置き換え練習 🔊 116

一幺、 ㄐ一ˇ ㄈㄣ ㄓㄨㄥ
～要幾分鐘？ （～で）何分かかりますか？
yào jǐ fēn zhōng

解説 **～要幾分鐘？**「（～で／～に乗って）何分かかりますか？」は所要時間を尋ねるときに用いる表現。要の前には動詞（手段）と名詞（乗り物など）を置く。

置き換え単語

❶ **走路** zǒu lù 　動 道を歩いて 　▶走路要幾分鐘？

❷ **開車** kāi chē 　動+名 車で（車を運転して）　▶開車要幾分鐘？

❸ **坐高鐵** zuò Gāo tiě 　動+名 新幹線で（新幹線に乗って）　▶坐高鐵要幾分鐘？

❹ **坐公車** zuò gōng chē 　動+名 バスで（バスに乗って）　▶坐公車要幾分鐘？

❺ **騎腳踏車** qí jiǎo tà chē 　動+名 自転車で（自転車に乗って）　▶騎腳踏車要幾分鐘？

❻ **騎 YouBike** qí 　動+名 ユーバイクで（ユーバイクに乗って）　▶騎 YouBike要幾分鐘？

❸❹❺❻ 坐は電車やバスなど座る乗り物に、騎はバイクや自転車などまたがる乗り物に乗るときに使う。
❻ YouBike(U Bike) は黄色の車体が目印の公共レンタルサイクル。

道を尋ねる⑤

 ：日本人　　：道で会った台湾人

台湾は人口比のコンビニの密度が世界一高いと言われるコンビニ大国です。台湾のコンビニではおでんを一年中販売しており、茶葉蛋 chá yè dàn（茶葉の煮玉子）やフルーツ味の台湾ビールなど、台湾ならではの珍しい商品もあるのでぜひ立ち寄ってみてください。レジ袋は有料なのでマイバッグを忘れずに。以下は最寄りのスーパーやコンビニを探しているときに使えるフレーズです。

基本会話　　🔊117

 ❶ ㄈㄨˋ ㄐㄧㄣˋ ㄧㄡˇ ㄔㄠ ㄕˋ ·ㄇㄚ

附 近 有 超 市 嗎 ?

Fù jìn yǒu chāo shì ma?

近くにスーパーはありますか？

---

 ❷ ㄇㄟˊ ㄧㄡˇ

沒 有 。

Méi yǒu.

ありません。

---

 ❸ ㄧㄡˇ ㄅㄧㄢˋ ㄌㄧˋ ㄕㄤ ㄉㄧㄢˋ ·ㄇㄚ

有 便 利 商 店 嗎 ?

Yǒu biàn lì shāng diàn ma?

コンビニはありますか？

---

 ❹ ㄧㄡˇ ㄗㄞˋ ㄑㄧㄢˊ ㄇㄧㄢˋ ·ㄉㄜ ㄌㄨˋ ㄎㄡˇ

有 。 在 前 面 的 路 口 。

Yǒu. Zài qián miàn de lù kǒu.

あります。前の交差点の所です。

---

❶ 附近＝「近所」、超市＝「スーパー」。超市は超級市場の略。有は所有していることを表す動詞だが、「存在する」という意味でも使われる。❸ 便利商店＝「コンビニエンスストア」。便利店と省略しても OK。有の前に附近を省略している。❹ 前面＝「前」、路口＝「交差点」。

148

置き換え練習　🔊 118

ㄈㄨˋ　ㄐㄧㄣˋ　ㄧㄡˇ　　·ㄇㄚ

附 近 有 ～ 嗎 ？　近くに～はありますか？
Fù　jìn　yǒu　　ma

解説　附近有～嗎？「近くに～はありますか？」は、自分の近くに探している場所があるかどうか尋ねるときに用いる表現。

置き換え単語

ㄐㄧㄝˊ ㄩㄣˋ ㄓㄢˋ
❶ **捷 運 站**　图 MRT の駅　▶附近有**捷運站**嗎？
Jié yùn zhàn

ㄧㄠˋ ㄓㄨㄤ ㄉㄧㄢˋ
❷ **藥 妝 店**　图 ドラッグストア　▶附近有**藥妝店**嗎？
yào zhuāng diàn

ㄕㄨ ㄉㄧㄢˋ
❸ **書 店**　图 書店　▶附近有**書店**嗎？
shū diàn

ㄎㄚ ㄈㄟ ㄊㄧㄥ
❹ **咖 啡 廳**　图 カフェ　▶附近有**咖啡廳**嗎？
kā fēi tīng

ㄉㄧㄢˋ ㄧㄥˇ ㄩㄢˋ
❺ **電 影 院**　图 映画館　▶附近有**電影院**嗎？
diàn yǐng yuàn

ㄧㄣˊ ㄏㄤˊ
❻ **銀 行**　图 銀行　▶附近有**銀行**嗎？
yín háng

149

❶ ㄋㄥˊ ㄗㄨㄛˋ ㄐㄧㄝˊ ㄩㄣˋ ㄑㄩˋ ˙ㄇㄚ
能 坐 捷 運 去 嗎？
Néng zuò Jié yùn qù ma?

MRT で行けますか？

能「できる」は（条件がそろって）可能であることを表す。能力や願望を表す能願助動詞で、**坐**（動詞）の前に置く。

---

❷ ㄌㄧˊ ㄓㄜˋ ㄌㄧˇ ㄩㄢˇ ˙ㄇㄚ
離 這 裡 遠 嗎？
Lí zhè lǐ yuǎn ma?

ここから遠いですか？

離は 2 つの場所の距離の隔たりを表す。**A離B遠嗎？**「A と B は遠いですか？」のA を省略している。近いかどうか聞くときは**離這裡近** jìn **嗎？**。

---

❸ ㄗㄣˇ ˙ㄇㄜ ㄑㄩˋ ㄅㄧˇ ㄐㄧㄠˋ ㄎㄨㄞˋ
怎 麼 去 比 較 快？
Zěn me qù bǐ jiào kuài?

どのように行けば早いですか？

怎麼「どのように」は手段、方法を問う疑問詞。**比較**「比較的」（副詞）は**快**「（速度が）速い」（形容詞）の前に置く。

---

❹ ㄑㄧㄥˇ ㄒㄧㄝˇ ㄗㄞˋ ㄓㄜˋ ㄌㄧˇ
請 寫 在 這 裡 。
Qǐng xiě zài zhè lǐ.

（行き方を）
ここに書いてください。

寫＝「書く」、**這裡**＝「ここ」。行き方が分からないときや、目的地の名前が分からないときに紙に書いてもらうと便利。

---

❺ ㄓㄜˋ ˙ㄍㄜ ㄉㄧˋ ㄈㄤ ㄗㄞˋ ㄋㄚˇ ㄌㄧˇ
這 個 地 方 在 哪 裡？
Zhè ge dì fāng zài nǎ lǐ?

（地図を見せて）
この場所はどこですか？

地方＝「場所」、**哪裡？**＝「どこ？」。場所が分からなくなったら地図を使って聞くのが確実。

---

❻ ㄨㄛˇ ㄒㄧㄢˋ ㄗㄞˋ ㄗㄞˋ ㄉㄧˋ ㄊㄨˊ ㄕㄤˋ ㄋㄚˇ ㄌㄧˇ
我 現 在 在 地 圖 上 哪 裡？
Wǒ xiàn zài zài dì tú shàng nǎ lǐ?

私は今、地図のどこにいますか？

現在＝「今」、**地圖上**＝「地図の上」。**地圖上**の後ろに**的**が省略されている。地図を持っていても自分の居場所が分からなくなったらこのように尋ねるとよい。

関連単語

🔊 120

① 业ㄨㄢˇ ㄐㄧㄠˇ
□ 轉 角　　　zhuǎn jiǎo　　　名 曲がり角

② ㄏㄨㄥˊ ㄌㄩˋ ㄉㄥ
□ 紅 綠 燈　　hóng lǜ dēng　　名 信号機

③ ㄅㄢ ㄇㄚˇ ㄒㄧㄢˋ
□ 斑 馬 線　　bān mǎ xiàn　　名 横断歩道

④ ㄖㄣˊ ㄒㄧㄥˊ ㄉㄠˋ
□ 人 行 道　　rén xíng dào　　名 歩道

⑤ ㄊㄧㄢ ㄑㄧㄠˊ
□ 天 橋　　　tiān qiáo　　　名 歩道橋

⑥ ㄍㄠ ㄙㄨˋ ㄍㄨㄥ ㄌㄨˋ
□ 高 速 公 路　gāo sù gōng lù　名 高速道路

⑦ ㄉㄢ ㄒㄧㄥˊ ㄉㄠˋ
□ 單 行 道　　dān xíng dào　　名 一方通行

⑧ ㄒㄧㄠˇ ㄒㄧㄤˋ
□ 小 巷　　　xiǎo xiàng　　　名 路地

⑨ ㄇㄚˇ ㄌㄨˋ
□ 馬 路　　　mǎ lù　　　　　名 道路

⑩ ㄊㄧㄥˊ ㄔㄜ ㄔㄤˇ
□ 停 車 場　　tíng chē chǎng　名 駐車場

予定

：日本人　：ツアー会社の受付

台湾東部の花蓮には太魯閣國家公園 Tài lǔ gé guó jiā gōng yuán があります。世界的にも有名な大理石の産地で、見どころは峡谷と断崖。山沿いには岩盤が削られてできた細い道やトンネルが続き、大自然の奇観が広がります。一方通行が多く道が険しいので、バスを運転しながら銀紙 yín zhǐ（あの世のお金）を窓から撒いて、運転の安全を願う運転手さんもいます。以下は、日帰りツアーを計画するときに出発や帰りの時間を尋ねるフレーズです。

基本会話　　　　　　🔊121

 ❶
ㄐㄧˇ ㄉㄧㄢˇ ㄔㄨ ㄈㄚ
幾 點 出 發 ?
Jǐ diǎn chū fā?

何時に出発しますか？

 ❷
ㄧˊ ㄖˋ ㄧㄡˊ ㄐㄧㄡˇ ㄉㄧㄢˇ ㄔㄨ ㄈㄚ
一 日 遊 九 點 出 發 。
Yí rì yóu jiǔ diǎn chū fā.

日帰りツアーは9時に出発します。

 ❸
ㄐㄧˇ ㄉㄧㄢˇ ㄏㄨㄟˊ ㄌㄞˊ
幾 點 回 來 ?
Jǐ diǎn huí lái?

何時に戻ってきますか？

 ❹
ㄨˇ ㄉㄧㄢˇ ㄏㄨㄟˊ ㄌㄞˊ
五 點 回 來 。
Wǔ diǎn huí lái.

5時に戻ってきます。

❶ 時間を聞くときの**幾點**（疑問詞）は動詞の前に置く。「出發幾點？」とは言わない。　❷ **一日遊**＝「日帰りツアー」。**半日遊** bàn rì yóu なら半日ツアー。**出發**＝「出発」　❸ **回來**＝「戻ってくる」

152

置き換え練習 🔊 122

ㄐㄧˇ ㄉㄧㄢˇ
幾 點 ～ ?
Jǐ diǎn

何時に～しますか？

解説 幾點～?「何時に～しますか？」はイベントの開始時間や店の閉店時間などを尋ねる
ときに用いる表現。

置き換え単語

ㄐㄧˊ ㄏㄜˊ
❶ 集 合
jí hé

🔲 集合する

▶幾點**集合**？

ㄉㄠˋ
❷ 到
dào

🔲 着く

▶幾點**到**？

ㄎㄞ ㄇㄣˊ
❸ 開 門
kāi mén

🔲 開く

▶幾點**開門**？

ㄍㄨㄢ ㄇㄣˊ
❹ 關 門
guān mén

🔲 閉まる

▶幾點**關門**？

ㄎㄞ ㄕˇ
❺ 開 始
kāi shǐ

🔲 始まる

▶幾點**開始**？

ㄅㄧㄠˇ ㄧㄢˇ
❻ 表 演
biǎo yǎn

🔲 上演する

▶幾點**表演**？

153

写真

今はスマートフォンで写真やビデオをいつでも手軽に撮ることができますね。原住民の祭りや老街 lǎo jiē（古い街並み）、平渓の天燈祭り、カフェ、夜市、台湾小吃など、台湾には写真を撮って"映える"スポットが満載です。ただし、人物や店頭に並ぶ商品などを撮りたいときは、撮っていいかどうか一言かけましょう。以下は、お店や施設で許可を求めたり可否を確認するときに使えるフレーズです。

基本会話　🔊 123

❶ 可 以 參 觀 嗎 ？
Kě yǐ cān guān ma?

見物できますか？

---

❷ 可 以 。
Kě yǐ.

できます。

---

❸ 可 以 拍 照 嗎 ？
Kě yǐ pāi zhào ma?

写真を撮ってもいいですか？

---

❹ 對 不 起 。 不 能 拍 照 。
Duì bù qǐ. Bù néng pāi zhào.

すみません。写真を撮ることはできません。

❶ 能願助詞（p.34 参照）の**可以**「できる」は動詞の前に置いて相手に許可を求めるときに使う。❸ **拍照** =「写真を撮る」　❹「すみません」は**對不起**のほかに**不好意思** bù hǎo yì si をよく使う。**能**は**可以**と同じ能願助動詞だが「（条件を満たせば）できる」という意味を含む。つまり**不能**は「この場所（条件）ではできない」ということ。

置き換え練習 🔊 124

ㄎㄜˇ ㄧˇ ・ㄇㄚ

可以 ~ 嗎 ？ ～してもいいですか？
Kě　yǐ　　　ma

解説 可以~嗎?「～してもいいですか？」は相手に可否を確認したり許可を求めたいときに用いる表現。

置き換え単語

ㄐㄧㄣˋ ㄑㄩˋ
❶ 進 去　　　　**動** 入る　　　　▶可以**進去**嗎？
jìn　qù

ㄨㄞˋ ㄉㄞˋ
❷ 外 帶　　　　**動** テイクアウトする　　▶可以**外帶**嗎？
wài　dài

ㄋㄟˋ ㄩㄥˋ
❸ 內 用　　　　**動** 店内で食べる　　　▶可以**內用**嗎？
nèi　yòng

ㄅㄧㄢ ㄗㄡˇ ㄅㄧㄢ ㄔ
❹ 邊 走 邊 吃　　**接+動** 歩きながら食べる　▶可以**邊走邊吃**嗎？
biān zǒu biān chī

ㄔㄡ ㄧㄢ
❺ 抽 菸　　　　**動** 喫煙する　　　　▶可以**抽菸**嗎？
chōu yān

ㄕˇ ㄩㄥˋ ㄕㄡˇ ㄐㄧ
❻ 使 用 手 機　　**動+名** 携帯電話を使う　▶可以**使用手機**嗎？
shǐ yòng shǒu jī

❹ **邊~邊**…=「～しながら(同時に)…する」　❻ **手機**=「携帯電話」。日本でスマートフォンも含めて「ケータイ」と総称するように、一般に「**手機**」と言えばスマートフォン(**智慧型手機** zhì huì xíng shǒu jī)も含む。

155

❶ 我想參加一日遊。

ㄨㄛˇ ㄒㄧㄤˇ ㄘㄢ ㄐㄧㄚ ㄧˊ ㄖˋ ㄧㄡˊ

Wǒ xiǎng cān jiā yí rì yóu.

（私は）日帰りツアーに参加したいです。

想~「～したい」（能願助動詞）は、**參加**「参加する」（動詞）の前に置く。

---

❷ 請幫我們照相。

ㄑㄧㄥˇ ㄅㄤ ㄨㄛˇ ˙ㄇㄣ ㄓㄠˋ ㄒㄧㄤˋ

Qǐng bāng wǒ men zhào xiàng.

私たちの写真を撮ってください。

幫は相手に手伝ってほしいときに使う。**我們**＝「私たち」。［**照**（動詞）＋**相**（目的語）］＝「写真を撮る」。直訳は「私たちが写真を撮るのを手伝ってください」。

---

❸ 能一起照嗎？

ㄋㄥˊ ㄧˋ ㄑㄧˇ ㄓㄠˋ ˙ㄇㄚ

Néng yì qǐ zhào ma?

一緒に写真を撮ってもらえませんか？

一起＝「一緒に」、**照**＝「写真を撮る」。照相の「相」を省略（❷のフレーズ参照）。

---

❹ 可以 PO 照片上去嗎？

ㄎㄜˇ ㄧˇ ㄓㄠˋ ㄆㄧㄢˋ ㄕㄤˋㄑㄩˋ˙ㄇㄚ

Kě yǐ zhào piàn shàng qù ma?

写真をアップしていいですか？

PO 上去＝「アップする」。**照片**＝「写真」。POは「POST（投稿する）」のことで、このまま"ポー"と発音する。

---

❺ 請再照一張。

ㄑㄧㄥˇ ㄗㄞˋ ㄓㄠˋ ㄧˋ ㄓㄤ

Qǐng zài zhào yì zhāng.

もう1枚撮ってください。

再「もう、更に」（副詞）は、**照**「撮影する」（動詞）の前に置く。**張**「枚」は写真の量詞。写真を撮ってもらうときに覚えておくと便利。

---

❻ 請帶我去可以嗎？

ㄑㄧㄥˇ ㄉㄞˋ ㄨㄛˇ ㄑㄩˋ ㄎㄜˇ ㄧˇ ˙ㄇㄚ

Qǐng dài wǒ qù kě yǐ ma?

私を連れていってくれますか？

［**請**（～してください）＋**帶我**（私を連れて）＋**去**（行く）］＝「私を連れていってください」。文末に**可以嗎？**を付けて可否を問う疑問形にしている。

関連単語

🔊 126

① ㄨㄣ ㄑㄩㄢˊ
□ 温 泉 　　　wēn quán 　　　名 温泉

② ㄌㄠˇ ㄐㄧㄝ
□ 老 街 　　　lǎo jiē 　　　名 古い街並み

③ ㄙˋ ㄇㄧㄠˋ
□ 寺 廟 　　　sì miào 　　　名 お寺

④ ㄇㄧㄣˊ ㄙㄨˋ
□ 民 宿 　　　mín sù 　　　名 民宿、ペンション

⑤ ㄍㄨㄥ ㄩㄢˊ
□ 公 園 　　　gōng yuán 　　　名 公園

⑥ ㄅㄞˇ ㄏㄨㄛˋ ㄍㄨㄥ ㄙ
□ 百 貨 公 司 　　　bǎi huò gōng sī 　　　名 デパート

⑦ ㄅㄛˊ ㄨˋ ㄍㄨㄢˇ
□ 博 物 館 　　　bó wù guǎn 　　　名 博物館

⑧ ㄉㄨㄥˋ ㄨˋ ㄩㄢˊ
□ 動 物 園 　　　dòng wù yuán 　　　名 動物園

⑨ ㄅㄢˋ ㄕㄡˇ ㄌㄧˇ
□ 伴 手 禮 　　　bàn shǒu lǐ 　　　名 手みやげ

⑩ ㄉㄠˇ ㄧㄡˊ
□ 導 遊 　　　dǎo yóu 　　　名 観光ガイド

+α MRTでめぐる台北の主な観光スポット

R 淡水信義線 Dàn shuǐ xìn yì xiàn

| 象山站 | ：象山（自然遊歩道の中腹にある展望台からの夜景が見どころ） |

| 台北 101/ 世貿站 | ：台北 101、四四南村（歴史的建造物の中ににオシャレなカフェや雑貨店が並ぶ、テーマパーク的なエリア） |

| 大安森林公園站 | ：大安森林公園 |

| 東門站 | ：永康街（小籠包や小吃の人気店、雑貨店が集まる街） |

| 中正紀念堂站 | ：中正紀念堂 |

| 台大醫院 | ：二二八和平公園、台湾博物館、總統府 |

| 雙連站 | ：寧夏夜市 |

| 劍潭站 | ：士林夜市 |

| 士林站 | ：国立故宮博物院（士林站からバス、タクシーで約 10 ～ 15 分） |

| 新北投站 | （北投站で新北投支線に乗換）：北投温泉、北投図書館、温泉博物館 |

| 淡水站 | ：淡水老街、淡水紅毛城、漁人碼頭 |

BL 板南線 Bǎn nán xiàn

| 市政府站 | ：信義ビジネス地区（ホテル、デパート、誠品書店、映画館などが集まるショッピングや食事が楽しめるエリア） |

| 國父紀念館站 | ：國父紀念館、松山文創園區（約 75 年前の老建築を展覧会や芸術活動を行う場所にリノベーションした文化総合施設） |

| 忠孝新生站 | ：華山 1914 文創園區（日本統治時代に建てられた酒造工場をリノベーションして、ファッション、アート、グルメの発信をする施設） |

| 西門站 | ：西門紅樓（赤レンガの歴史的建造物）、西門ショッピングエリア |

| 龍山寺站 | ：龍山寺、剥皮寮老街、華西街夜市 |

G 松山新店線 Sōng shān xīn diàn xiàn

| 公館站 | ：台灣大學、公館屋台街、宝蔵巌国際芸術村（丘の斜面に広がる、アートと民家が混在する集落） |

| 新店站 | ：碧潭（渓流沿いに広がる景観が美しいエリア。デートスポットとして有名） |

O 中和新蘆線 Zhōng hé xīn lú xiàn

| 大橋頭站 | ：大稻埕（古き良き街並みが残る）、迪化街（高級食材や乾物の老舗が並ぶ問屋街） |

| 行天宮站 | ：行天宮 |

BR 文湖線 Wén hú xiàn

| 大湖公園站 | ：大湖公園（湖にかかる美しい橋が有名な公園） |

| 劍南路站 | ：美麗華ショッピングモール、劍南山（市街地を一望できる夜景スポット） |

| 動物園站 | ：動物園、貓空ロープウェイ |

買い物

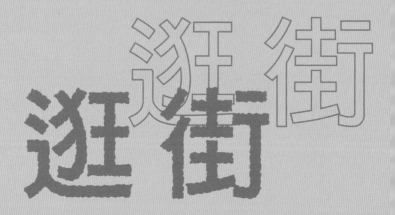

逛街

買い物①

：日本人　：お土産屋の店員

台湾で買い物をするとき、買一送一 mǎi yī sòng yī (1個買うと1個プレゼント)、買二送一 mǎi èr sòng yī (2個買うと1個プレゼント)」などのお得な宣伝文句をよく見かけます。大拍賣 dà pāi mài (セール) や打折 dǎ zhé (割引) の文字を見たら、お買い得ということです。以下は、店員さんに欲しいものを使えるときのフレーズです。

基本会話 〔127〕

 ❶ **我 要 台 灣 花 布 袋 。**
ㄨㄛˇ ㄧㄠˋ ㄊㄞˊ ㄨㄢ ㄏㄨㄚ ㄅㄨˋ ㄉㄞˋ
Wǒ yào Tái wān huā bù dài.

台湾花布の袋が欲しいのですが。

 ❷ **那 櫃 子 上 有 。**
ㄋㄚˋ ㄍㄨㄟˋ ・ㄗ ㄕㄤˋ ㄧㄡˇ
Nà guì zi shàng yǒu.

あの棚の上にありますよ。

 ❸ **現 在 打 七 折 。**
ㄒㄧㄢˋ ㄗㄞˋ ㄉㄚˇ ㄑㄧ ㄓㄜˊ
Xiàn zài dǎ qī zhé.

今なら3割引ですよ。

 ❹ **那 我 要 紅 色 的 。**
ㄋㄚˋ ㄨㄛˇ ㄧㄠˋ ㄏㄨㄥˊ ㄙㄜˋ ・ㄉㄜ
Nà wǒ yào hóng sè de.

じゃあ、赤いのが欲しいです。

❶ **台灣花布**は台湾の伝統的な花柄がプリントされた布。❷ **那** =「それなら、じゃあ」(接続詞)、**櫃子** =「棚」❸ **打** =「割引する」、**打七折** = 七掛け、つまり3割引。九折は「1割引」で9割引ではないので要注意。❹ **紅色** =「赤」(色の単語は p.171 参照)

置き換え練習　🔊 128

ㄨㄛˇ 一ㄠˋ
我 要 ～ 。
Wǒ yào　　　　（私は）～が欲しいです。

解説 我要～「（私は）～が欲しいです」は、欲しいものを店員さんに伝えるときに用いる表現。

置き換え単語

❶ ㄉㄚˋ ㄊㄨㄥˊ ㄉㄧㄢˋ ㄍㄨㄛ
大 同 電 鍋　名 大同電気釜　▶我要大同電鍋。
Dà tóng diàn guō

❷ ㄕㄡˇ ㄍㄨㄥ ㄗㄠˋ
手 工 皂　名 手作りの石鹸　▶我要手工皂。
shǒu gōng zào

❸ ㄆㄧㄢˊ 一ˊ 一ˋ ㄉㄧㄢˇ ·ㄉㄜ
便 宜 一 點 的　形+名 もう少し安いもの　▶我要便宜一點的。
pián yí yì diǎn de

❹ ㄉㄚˋ 一ˋ ㄉㄧㄢˇ ·ㄉㄜ
大 一 點 的　形+名 もう少し大きいもの　▶我要大一點的。
dà yì diǎn de

❺ ㄙㄨㄥˋ ㄖㄣˊ ·ㄉㄜ
送 人 的　動+名 人にあげるもの　▶我要送人的。
sòng rén de

❻ ㄅㄧㄝˊ ·ㄉㄜ ㄏㄨㄚ 一ㄤˋ
別 的 花 樣　形+名 別の柄　▶我要別的花樣。
bié de huā yàng

❶ **大同電鍋**＝台湾で1960年に発売以来、現在も使われ続けている炊飯器型の電気鍋。「炊く、蒸す、煮込む」が1台でできるため、日本でも人気が出始めている。❸～❺＝**的**の後の商品名を省略している。

161

買い物②

 ：日本人　　 ：お土産屋の店員

鳳梨酥 fèng lí sū（パイナップルケーキ）は台湾で人気のお土産です。多くの鳳梨酥の餡には食感と丸みのある甘さを出すために冬瓜を混ぜています。100%パイナップル餡のものは少し酸味が強いです。賞味（消費）期限の表示は西暦と台湾の民国年号が併記されており、2020年（民国109年）の場合は「09.12.19」などと記載されます。添加物を加えてないお菓子も多いので、消費期限に要注意です。以下は、試食の感想を伝えるフレーズです。

基本会話　　　　　　　　　　　　　　　🔊 129

 ❶ 吃 看 看 新 口 味 。
ㄔ　ㄎㄢˋ　ㄎㄢˋ　ㄒㄧㄣ　ㄎㄡˇ　ㄨㄟˋ
Chī kàn kàn xīn kǒu wèi.

新しい味をちょっと食べてみて。

---

 ❷ 怎 麼 樣 ？
ㄗㄣˇ　·ㄇㄜ　ㄧㄤˋ
Zěn me yàng?

いかがですか？

---

 ❸ 很 香 很 好 吃 ！
ㄏㄣˇ　ㄒㄧㄤ　ㄏㄣˇ　ㄏㄠˇ　ㄔ
Hěn xiāng hěn hǎo chī!

香ばしくておいしいです！

---

 ❹ 一 盒 三 百 塊 。
ㄧˋ　ㄏㄜˊ　ㄙㄢ　ㄅㄞˇ　ㄎㄨㄞˋ
Yì hé sān bǎi kuài.

1箱300元です。

---

❶ 口味＝「味」。吃看看＝「食べてみる」。❷ 怎麼樣？は相手の意見や感想を求めるときに使う。❸ 程度を表す副詞の很は香や好吃（形容詞）の前に置く。很の使い方については、「とても」と強調する意味がなくても、1文字の形容詞（好、香、冷、熱など）の前に飾りとして置くことが多い。❹ 盒「ケース」はお中元やお歳暮に送るお菓子やジュースのサイズの箱、箱 xiāng「箱」は段ボールなど、大きめの箱に使う量詞。

置き換え練習 🔊 130

ㄏㄣˇ
很 ～ ！　　　　　　(とても)～です！
Hěn

解説 很～「(とても)～です」は商品を見たり、試食をしたときにポジティブな感想を伝えるときの表現。

置き換え単語

ㄏㄠˇ
❶ **好**　　　　　形 いい　　　　　▶很**好**！
hǎo

ㄎㄜˇ ㄞˋ
❷ **可愛**　　　形 かわいい　　　▶很**可愛**！
kě ài

ㄒㄧˇ ㄏㄨㄢ
❸ **喜歡**　　　動 好き(好む)　　▶很**喜歡**！
xǐ huān

ㄆㄧㄠˋ ㄌㄧㄤˋ
❹ **漂亮**　　　形 きれいな　　　▶很**漂亮**！
piào liàng

ㄏㄠˇ ㄎㄢˋ
❺ **好看**　　　形 かっこいい、(見て)　▶很**好看**！
hǎo kàn　　　　　 心地いい、きれい

ㄍㄠ ㄒㄧㄥˋ
❻ **高興**　　　形 うれしい　　　▶很**高興**！
gāo xìng

163

買い物③

 : 日本人　 : 百貨店の店員

台湾では秋から年末にかけて百貨店を中心としたさまざまな店が大々的なバーゲンセール (週年慶 zhōu nián qìng) を行い、街は賑わいを増します。冬は、1月頃から春節 (旧正月) 前にかけてもバーゲンセールが行われるので、渡航時期が合えばぜひ百貨店などをのぞいてみてください。以下は、試着ができるかどうか尋ねるときのフレーズです。

基本会話　　　　　　　　　　　　🔊 131

 ❶ 可 以 試 穿 嗎 ?

ㄎㄜˇ ㄧˇ ㄕˋ ㄔㄨㄢ ・ㄇㄚ

Kě yǐ shì chuān ma?

試着できますか？

---

 ❷ 可 以 。

ㄎㄜˇ ㄧˇ

Kě yǐ.

いいですよ。

---

 ❸ 可 以 試 穿 兩 件 嗎 ?

ㄎㄜˇ ㄧˇ ㄕˋ ㄔㄨㄢ ㄌㄧㄤˇ ㄐㄧㄢˋ ・ㄇㄚ

Kě yǐ shì chuān liǎng jiàn ma?

2着試してもいいですか？

---

 ❹ 可 以 。 試 衣 間 在 那 邊 。

ㄎㄜˇ ㄧˇ ㄕˋ ㄧ ㄐㄧㄢ ㄗㄞˋ ㄋㄚˋ ㄅㄧㄢ

Kě yǐ. Shì yī jiān zài nà biān.

いいですよ。試着室はあちらです。

---

❶ **可以**は相手に許可を求めるときに使う。その返答は、**可以**の他に**沒問題**でもよい。**試穿**=「試着する」 ❷ **兩件**=「2 着」、**件**は洋服の量詞。数字の後ろに量詞がある場合は、「2」が**兩**になる。 ❹ **試衣間**=「試着室」、**那邊**=「あちら、あの辺、あそこ」。[**在**「～にある」(動詞) + **那邊**] で「あそこにある」。

置き換え練習　🔊 132

ㄎㄜˇ　ㄧˇ　　　　　·ㄇㄚ
可以～嗎？ ～できますか？
Kě　yǐ　　　　ma

解説 可以～嗎？「～できますか？」は試着などの可否を店員さんに確認するときに用いる表現。

置き換え単語

❶ ㄈㄣ ㄎㄞ ㄅㄠ
分 開 包
fēn kāi bāo
　動 別々に包む　　▶可以**分開包**嗎？

❷ ㄏㄨㄢˋ
換
huàn
　動 交換する　　▶可以**換**嗎？

❸ ㄉㄚˇ ㄎㄞ
打 開
dǎ kāi
　動 開ける　　▶可以**打開**嗎？

❹ ㄕˋ ㄏㄜ
試 喝
shì hē
　動 試飲する　　▶可以**試喝**嗎？

❺ ㄊㄨㄟˋ ㄏㄨㄛˋ
退 貨
tuì huò
　動 返品する　　▶可以**退貨**嗎？

❻ ㄧㄡˊ ㄐㄧˋ
郵 寄
yóu jì
　動 郵便で送る　　▶可以**郵寄**嗎？

買い物④

：日本人　：衣料品店の店員

台湾では洋服のサイズ表示が日本と違います（p.171 参照）。自分に合うサイズがどれか迷ったときは、店員さんに日本のサイズを聞いてください。試着室があれば、試着することをおすすめします。台湾の店員さんはとても親切なので、いろいろな相談にのってくれます。以下は、試着をしたときの店員さんとのやりとりです。

基本会話　📢 133

 ❶ ㄗㄣˇ ・ㄇㄜ ㄧㄤˋ
怎 麼 樣 ?
Zěn me yàng?

どうですか？

 ❷ ㄧㄡˇ ㄧˋ ㄉㄧㄢˇ ㄉㄚˋ
有 一 點 大 。
Yǒu yì diǎn dà.

少し大きいです。

 ❸ ㄒㄧㄠˇ ㄧˊ ㄏㄠˋ ㄗㄣˇ ・ㄇㄜ ㄧㄤˋ
小 一 號 怎 麼 樣 ?
Xiǎo yí hào zěn me yàng?

ワンサイズ小さいサイズはどうですか？

 ❹ ㄍㄤ ㄏㄠˇ
剛 好 。
Gāng hǎo.

ちょうどいいです。

❶ **怎麼樣?**「どうですか？」は様子や状態を相手に伺う疑問文。❷ **有一點**「少し、ちょっと」（副詞）はやや不満に思うときに形容詞の前に置く。❸ **一號**「1 サイズ」の前に**小**や**大**を用いて、**小一號**「1 サイズ小さい」、**大一號**「1 サイズ大きい」と表現する。　❹ **剛好** =「ちょうどいい」

置き換え練習　🔈134

ㄧㄡˇ　ㄧˋ　ㄉㄧㄢˇ
有 一 點 ～ 。　少し～です。
Yǒu　yì　diǎn

解説　有一點～「少し～です」は、サイズや値段などが少し自分の意に合っていない場合に用いる表現。

置き換え単語

❶	ㄒㄧㄠˇ **小** xiǎo	形 小さい	▶有一點小。
❷	ㄉㄨㄛ **多** duō	形 多い	▶有一點多。
❸	ㄍㄨㄟˋ **貴** guì	形 高い	▶有一點貴。
❹	ㄓㄨㄥˋ **重** zhòng	形 重い	▶有一點重。
❺	ㄐㄧㄣˇ **緊** jǐn	形 きつい	▶有一點緊。
❻	ㄔㄤˊ **長** cháng	形 長い	▶有一點長。

❶ 小⇔大 dà「大きい」　❷ 多⇔少 shǎo「少ない」　❸ 貴⇔便宜 pián yí「安い」　❹ 重⇔輕 qīng「軽い」
❺ 緊 ⇔ 鬆 sōng「ゆるい」　❻ 長⇔短 duǎn「短い」

167

❶ ㄎㄜˇ ㄧˇ ㄙㄨㄢˋ ㄆㄧㄢˊ ㄧˊ ㄧˋ ㄉㄧㄢˇ ·ㄇㄚ

可以算便宜一點嗎？

Kě yǐ suàn pián yí yì diǎn ma?

少し安くしてもらえますか？

算=「計算する、勘定する」、**便宜一點** =「少し安くする」。まとめ買いをしたいときなどに使える。

---

❷ ㄨㄛˇ ㄧㄠˋ ㄓㄜˋ ·ㄍㄜ

我要這個。

Wǒ yào zhè ge.

（私は）これが欲しいです。

要=「欲しい」（動詞）。指示代名詞の**這個**「これ」、那個「それ／あれ」は要の後ろに置く。「あれが欲しい」は**我要那個**。

---

❸ ㄨㄛˇ ㄓˇ ㄕˋ ㄎㄢˋ ㄎㄢˋ

我只是看看。

Wǒ zhǐ shì kàn kàn.

ちょっと見ているだけです。

只是=「ただしているだけ」。**看看**=看「見る」（動詞）の重ね型で、「ちょっと見る」という意味。

---

❹ ㄧㄡˇ ㄓㄜˊ ㄎㄡˋ ·ㄇㄚ

有折扣嗎？

Yǒu zhé kòu ma?

割引はありますか？

折扣「割引」は有（動詞）の後ろに置く。折扣の代わりに、同じ意味の**打折** dǎ zhé を使ってもよい。

---

❺ ㄎㄜˇ ㄧˇ ㄈㄤˋ ㄉㄨㄛ ㄐㄧㄡˇ

可以放多久？

Kě yǐ fàng duō jiǔ?

どのくらい日持ちしますか？

放=「置いておく」、**多久**=「どれくらいの時間」。食料品の消費（賞味）期限などを確認するときに使える。

---

❻ ㄓㄜˋ ㄌㄧˇ ·ㄉㄜ ㄊㄜˋ ㄔㄢˇ ㄕˋ ㄕㄣˊ ·ㄇㄜ

這裡的特產是什麼？

Zhè lǐ de tè chǎn shì shén me?

ここの特産は何ですか？

這裡的～是什麼？の「～」に**小吃**などを置き換えることができる。例：**這裡的小吃是什麼？**「ここの小吃は何ですか？」

❼ 你覺得哪個好？

ㄋㄧˇ ㄐㄩㄝˊ ㄉㄜ˙ ㄋㄚˇ ㄍㄜ˙ ㄏㄠˇ

Nǐ jué de nǎ ge hǎo?

あなたはどれがいいと思いますか？

覺得＝「～と思う」。哪個好＝「どれがいい」。哪と個の間に数詞の「一」が省略されている。

❽ 哪裡不一樣？

ㄋㄚˇ ㄌㄧˇ ㄅㄨˋ ㄧˊ ㄧㄤˋ

Nǎ lǐ bù yí yàng?

どこが違うのですか？

哪裡＝「どこ」（疑問代名詞）、不一樣＝「（様子が）違う」。「同じ」は一樣。複数の商品を薦められたときに使える。

❾ 請讓我看一下那個。

ㄑㄧㄥˇ ㄖㄤˋ ㄨㄛˇ ㄎㄢˋ ㄧˊ ㄒㄧㄚˋ ㄋㄚˋ ㄍㄜ˙

Qǐng ràng wǒ kàn yí xià nà ge.

あれをちょっと見せてください。

請讓我～＝「私に～させてください」。讓「～させる」は［讓＋人＋動詞］の使役構文で、讓の後ろには必ず人称代名詞がくる。［看(動詞)＋一下］＝「ちょっと見る」。

❿ 讓我再想想。

ㄖㄤˋ ㄨㄛˇ ㄗㄞˋ ㄒㄧㄤˇ ㄒㄧㄤˇ

Ràng wǒ zài xiǎng xiǎng.

もう少し考えさせてください。

讓は❾参照。再「もう少し、再び」（副詞）は想「考える」（動詞）の前に置く。想想（動詞の重ね型）は「ちょっと考える」の意味。買い物でやんわり断るときに使える。

⓫ 只有現貨嗎？

ㄓˇ ㄧㄡˇ ㄒㄧㄢˋ ㄏㄨㄛˋ ㄇㄚ˙

Zhǐ yǒu xiàn huò ma?

現品だけですか？

只有～嗎？「～だけですか？」の「～」を一件 yí jiàn「1着」に置き換えれば、只有一件嗎？「1着しかありませんか？」となる。

⓬ 還有別的顏色嗎？

ㄏㄞˊ ㄧㄡˇ ㄅㄧㄝˊ ㄉㄜ˙ ㄧㄢˊ ㄙㄜˋ ㄇㄚ˙

Hái yǒu bié de yán sè ma?

まだ他の色もありますか？

還＝「まだ」。顏色＝「色」。別的＝「別の」。別的～嗎？の「～」を尺寸 chǐ cùn「サイズ」に置き換えれば、還有別的尺寸？「まだほかのサイズもありますか？」となる。

🔊 136

① ㄍㄡˋ ㄨˋ ㄓㄨㄥ ㄒㄧㄣ
□ 購 物 中 心　　　gòu wù zhōng xīn　　**名** ショッピングセンター

② ㄆㄞ ㄇㄞˋ
□ 拍 賣　　　pāi mài　　**動** バーゲンセールをする

③ ㄓㄡ ㄋㄧㄢˊ ㄑㄧㄥˋ
□ 週 年 慶　　　zhōu nián qìng　　**名** (9〜12月にある、年に一度の)デパートの大バーゲン

④ ㄕˊ ㄕㄤˋ ㄆㄧㄣˇ ㄆㄞˊ
□ 時 尚 品 牌　　　shí shàng pǐn pái　　**名** ファッションブランド

⑤ ㄇㄧㄢˇ ㄈㄟˋ
□ 免 費　　　miǎn fèi　　**動** 無料

⑥ ㄉㄧˋ ㄦˋ ㄐㄧㄢˋ ㄑㄧ ㄓㄜˊ
□ 第 二 件 七 折　　　dì èr jiàn qī zhé　　**名** 2つ目は30%オフ

⑦ ㄖㄜˋ ㄇㄞˋ
□ 熱 賣　　　rè mài　　**名** 売れ筋

⑧ ㄇㄞˇ ㄉㄨㄥ ㄒㄧ
□ 買 東 西　　　mǎi dōng xī　　**動+名** 買い物する

⑨ ㄒㄧㄢˋ ㄕˊ ㄑㄧㄤˇ ㄍㄡˋ
□ 限 時 搶 購　　　xiàn shí qiǎng gòu　　**名** タイムセール

⑩ ㄅㄢˋ ㄐㄧㄚˋ
□ 半 價　　　bàn jià　　**名** 半額

+α 色とファッションの単語

金色	jīn sè	（金色）	紅色	hóng sè	（赤）
藍色	lán sè	（青色）	黃色	huáng sè	（黄色）
綠色	lǜ sè	（緑色）	灰色	huī sè	（グレー）
紫色	zǐ sè	（紫色）	淺藍色	qiǎn lán sè	（水色）
橘色	jú sè	（オレンジ）	粉紅色	fěn hóng sè	（ピンク）
米色	mǐ sè	（生成）	淺綠色	qiǎn lǜ sè	（黄緑）
咖啡色	kā fēi sè	（茶色）	褐色	hé sè	（焦げ茶色）

長袖	cháng xiù	（長袖）	素色	sù sè	（無地）
短袖	duǎn xiù	（半袖）	條紋	tiáo wén	（ストライプ）
無袖	wú xiù	（袖無し）	格子	gé zi	（チェック）
裙子	qún zi	（スカート）	花紋	huā wén	（花柄）
褲子	kù zi	（ズボン）	羊毛	yáng máo	（ウール）
T恤	T xù	（Tシャツ）	尼龍	ní lóng	（ナイロン）
領帶	lǐng dài	（ネクタイ）	棉	mián	（木綿）
襪子	wà zi	（靴下）	麻紗	má shā	（麻）
牛仔褲	niú zǎi kù	（ジーパン）	絹	juān	（絹）
內衣	nèi yī	（下着）	皮革	pí gé	（皮革）
睡衣	shuì yī	（寝巻き）	人造皮	rén zào pí	（合成皮革）

+α 日本と台湾のサイズ比較表

洋服（号）

日本	台湾
7	36
9	38
11	40
13	42

靴（cm）

日本	台湾	日本	台湾
22.5	35	25.0	40
23.0	36	25.5	41
23.5	37	26.0	42
24.0	38	26.5	43
24.5	39	27.0	44

靴の種類

高跟鞋	gāo gēn xié	（ハイヒール）
拖鞋	tuō xié	（サンダル／スリッパ）
運動鞋	yùn dòng xié	（スニーカー）
皮鞋	pí xié	（革靴）
靴子	xuē zi	（ブーツ）

台湾のコンビニ / スーパー / ドラッグストア

▌便利商店 biàn lì shāng diàn（コンビニ）

7-ELEVEN（セブンイレブン）
台湾国内最多の店舗数。公式マスコットの
「OPEN ちゃん」でおなじみ。

全家 Quán jiā（ファミリーマート）
セブンイレブンに次ぐ店舗数。

OK 便利商店 OK biàn lì shāng diàn（OK マート）
白地に赤の「OK」ロゴが目印。

Hi-Life 萊爾富 Lái ěr fù（ハイライフ）
外資系ではない台湾発祥の唯一のコンビニ。

▌藥妝店 yào zhuāng diàn（ドラッグストア）

康是美 Kāng shì měi（COSMED, コスメド）
台湾のローカルブランドのコスメが豊富。

屈臣氏 Qū chén shì（ワトソンズ）
香港発祥。自社ブランドの商品が人気。

▌超級市場 chāo jí shì chǎng（スーパー）

頂好超市 Dǐng hǎo chāo shì（ウェルカム）
「wellcome」のロゴが目印の庶民派スーパー。

家樂福 Jiā lè fú（カルフール）
台湾ブランドのお菓子や食品の品揃えが豊
富。お土産探しに最適。

全聯福利中心 Quán lián fú lì zhōng xīn
地域密着型スーパー。ロゴ入り買物カゴを
被った白熊がマスコット。

勝立生活百貨 Shèng lì shēng huó bǎi huò
食品、衣料品、生活雑貨が店内に所狭しと
並べてある台湾版ドンキホーテ。

金興發生活百貨 Jīn xīng fā shēng huó bǎi huò
台北で人気の生活雑貨店。台湾っぽい雑貨
が豊富でかわいい文房具などの掘り出し物
が見つかる。

 お土産にしたい台湾のお菓子

鳳梨酥 fèng lí sū（パイナップルケーキ）
パイナップルに冬瓜や大根などを加えて餡
にしたものが一般的で、パイナップルのみ
で作ったものを「土鳳梨酥 tǔ fèng lí sū」
と呼ぶこともある。

牛軋糖 niú gá táng（ミルクヌガー）
濃厚なミルク味のヌガーにナッツやドライ
フルーツを練り混ぜてキューブ状に固めた
もの。

芋頭酥 yù tóu sū（タロイモケーキ）
タロイモ餡を混ぜた生地を薄く伸ばしてミ
ルフィーユ状に巻いた、薄紫色と白のマー
ブル柄が特徴の見た目も美しいお菓子。

牛舌餅 niú shé bǐng（牛タンクッキー）
宜蘭の名産。牛タンに形がそっくりの薄い
お煎餅状のクッキー。バリバリの食感。

太陽餅 tài yáng bǐng（太陽ケーキ）
台中の特産。ミルク味の餡をパイ生地で包
んだおまんじゅう。

水果乾 shuǐ guǒ gān（ドライフルーツ）
芒果乾、木瓜乾、芭樂乾など台湾の新鮮な
フルーツを無添加・砂糖不使用で干したも
の。フルーツ本来の甘みが味わえる。迪化
街の専門店では量り売りをしている。

蛋捲 dàn juǎn（エッグロール）
焼いた生地を巻いたスティック状のお菓子。
卵だけを使った「原味蛋捲」は濃厚な卵の風
味が際立つ。

沙琪瑪 shā qí mǎ（サチマ）
小麦粉と卵を混ぜて揚げたものを固め、水
飴でコーティングした、日本の「おこし」の
ような素朴な味わいの伝統菓子。

Chapter

9

● 備える

警察に行く①

 ：日本人　 ：警察官

台湾でタクシーの中にパスポートを落としてしまったとき、台湾の警察官が道路の監視カメラで追跡し、すぐにタクシー会社に連絡してくれたことがあります。また、街で道に迷ったときには、派出所の警察官が自分のバイクでわざわざ目的地まで送ってくれました。これは珍しいことではなく、台湾の警察官はとても親切なので、困ったときは頼りましょう。以下は、物をなくしたときの警察官との会話です。

基本会話

◁137

 ❶ 你 怎 麼 了 ？

ㄋㄧˇ ㄗㄣˇ ·ㄇㄜ ·ㄌㄜ

Nǐ zěn me le?

どうしましたか？

---

 ❷ 我 的 錢 包 丟 了 。

ㄨㄛˇ ·ㄉㄜ ㄑㄧㄢˊ ㄅㄠ ㄉㄧㄡ ·ㄌㄜ

Wǒ de qián bāo diū le.

財布をなくしました。

---

 ❸ 在 哪 裡 丟 了 ？

ㄗㄞˋ ㄋㄚˇ ㄌㄧˇ ㄉㄧㄡ ·ㄌㄜ

Zài nǎ lǐ diū le?

どこでなくしましたか？

---

 ❹ 在 電 車 裡 。

ㄗㄞˋ ㄉㄧㄢˋ ㄔㄜ ㄌㄧˇ

Zài diàn chē lǐ.

電車の中です。

---

❶ **怎麼**は「どのような様子か」を表す疑問代名詞で、**你怎麼了？**「どうしたの？」は相手の様子を伺うときの常套句。❷ **錢包**＝「財布」、**丟**＝「なくす」　❸ [**在**「～で」＋**哪裡**「どこ」？] で「どこで？」。**哪裡**の後に動詞が続く。❹ **在哪裡丟了？**の**哪裡**の部分に**電車裡**「電車の中」を置いて、**在電車裡丟了**と返答できるが、**丟了**は省略できるので**在電車裡**となる。

置き換え練習　🔊 138

ㄨㄛˇ ・ㄉㄜ　　ㄉㄧㄡ ・ㄌㄜ

我 的 ～ 丢 了。(私の)～をなくしました。
Wǒ de　diū le

解説 我的～丢了「(私の)～をなくしました」は、なくした物を相手に伝えるときの表現。

置き換え単語

ㄏㄨˋ ㄓㄠˋ
❶ 護 照　图 パスポート　▶我的**護照**丢了。
hù zhào

ㄕㄡˇ ㄐㄧ
❷ 手 機　图 携帯　▶我的**手機**丢了。
shǒu jī

ㄅㄠ ㄅㄠ
❸ 包 包　图 バッグ　▶我的**包包**丢了。
bāo bāo

ㄧㄠˋ ・ㄕ
❹ 鑰 匙　图 カギ　▶我的**鑰匙**丢了。
yào shi

ㄒㄧㄣˋ ㄩㄥˋ ㄎㄚˇ
❺ 信 用 卡　图 クレジットカード　▶我的**信用卡**丢了。
xìn yòng kǎ

ㄔㄜ ㄆㄧㄠˋ
❻ 車 票　图 [電車やバスの] 切符　▶我的**車票**丢了。
chē piào

175

警察に行く②

 ：日本人　：警察官

財布などの貴重品を紛失したら、まず警察の派出所に届け出ます。パスポートを紛失してしまった場合は、移民署で紛失証明書を発行してもらい、日本台湾交流協会で「帰国のための渡航書」の申請手続きをすれば、即日発給してくれます（土日は休み）。台湾は治安がよい国ですが、旅先で油断は禁物です。夜市など暗くて混雑する場所では所持品に気をつけましょう。以下は、万が一、盗難にあってしまったときの会話です。

基本会話　🔊 139

❶
ㄨㄛˇ ・ㄉㄜ ㄅㄟˋ ㄅㄠ ㄅㄟˋ ㄊㄡ ・ㄌㄜ
我 的 背 包 被 偷 了 。
Wǒ de bèi bāo bèi tōu le.

リュックを盗られてしまいました。

---

❷
ㄗㄞˋ ㄋㄚˇ ㄌㄧˇ ㄅㄟˋ ㄊㄡ ・ㄉㄜ
在 哪 裡 被 偷 的 ？
Zài nǎ lǐ bèi tōu de?

どこで盗られましたか？

---

❸
ㄗㄞˋ ㄧㄝˋ ㄕˋ
在 夜 市 。
Zài yè shì.

夜市です。

---

❹
ㄅㄨˊ ㄧㄠˋ ㄐㄧㄣˇ ㄓㄤ　ㄨㄛˇ ㄅㄤ ㄋㄧˇ
不 要 緊 張 ， 我 幫 你 。
Bú yào jǐn zhāng, wǒ bāng nǐ.

落ち着いて、私が手伝います。

---

❶ 背包＝「リュック」、被偷了＝「盗まれた」。被は「～される」という意味の前置詞で、動詞の前に置く。
❹ 不要緊張＝「緊張しないで」。同じような意味の**不要擔心** dān xīn「心配しないで」もよく使われる。幫＝「手伝う、助ける」。來 lái を加えて我來幫你「この私が手伝いましょう」と言うと、より積極的なニュアンスになる。こちらもよく使われる表現。

176

置き換え練習　◁ 140

ㄨㄛˇ ・ㄉㄜ　　　ㄅㄟˋ　ㄊㄡ ・ㄌㄜ

我的~ 被偷了。(私の)~を盗られました。
Wǒ de　　bèi tōu le

解説 我的~被偷了「(私の) ~を盗られました」は、盗られた物を警察に伝えるときの表現。

置き換え単語

ㄅㄧˇ ㄉㄧㄢˋ
❶ **筆 電**　　名 ノートパソコン　▶我的**筆電**被偷了。
bǐ diàn

ㄆㄧㄥˊ ㄅㄢˇ
❷ **平 板**　　名 タブレット　▶我的**平板**被偷了。
píng bǎn

ㄓˋ ㄏㄨㄟˋ ㄒㄧㄥˊ ㄕㄡˇ ㄐㄧ
❸ **智 慧 型 手 機**　名 スマートフォン　▶我的**智慧型手機**
zhì huì xíng shǒu jī　　　　　　　　　　　被偷了。

ㄕㄡˇ ㄅㄧㄠˇ
❹ **手 錶**　　名 腕時計　▶我的**手錶**被偷了。
shǒu biǎo

ㄇㄞˇ ・ㄉㄜ ㄉㄨㄥ ㄒㄧ
❺ **買 的 東 西**　名 買ったもの　▶我**買的東西**被偷了。
mǎi de dōng xī

ㄉㄚˋ ㄧ
❻ **大 衣**　　名 コート　▶我的**大衣**被偷了。
dà yī

❶ 筆電は**筆記型電腦** bǐ jì xíng diàn nǎo の略　❷ 平板は**平板電腦** píng bǎn diàn nǎo の略　❺ 我的 + 買的東西は的が重なるため我的の「的」を省略して**我買的東西**「私が買ったもの」となる。

177

病院に行く

 ：日本人　 ：医者

台湾では熱中症予防のため、冬以外は日傘や帽子が必需品です。湿度も高く蒸し暑いので、忘れずに水分補給をしましょう。お腹を壊さないために、生ものや生水を避けることも大切です。台湾には、外国人旅行者でも安心して診療が受けられる病院がたくさんあり、日本語を話すスタッフが常駐していたり、日本人専用外来を完備する病院もあります。以下は、体調を崩してしまったときのお医者さんとの会話です。

基本会話　🔊 141

 ❶
ㄋㄚˇ ㄌㄧˇ ㄅㄨˋ ㄕㄨ ㄈㄨˊ

哪 裡 不 舒 服 ？

Nǎ lǐ bù shū fú?

どうされましたか？

---

 ❷
ㄑㄩㄢˊ ㄕㄣ ㄨˊ ㄌㄧˋ ㄔㄨ ㄌㄥˇ ㄏㄢˋ

全 身 無 力 出 冷 汗 。

Quán shēn wú lì chū lěng hàn.

体がだるくて冷や汗をかいています。

---

 ❸
ㄧㄡˇ ㄈㄚ ㄕㄠ ˙ㄇㄚ

有 發 燒 嗎 ？

Yǒu fā shāo ma?

熱がありますか？

---

 ❹
ㄧㄡˇ 　 ㄙㄢ ㄕˊ ㄑㄧ ㄉㄨˋ ㄐㄧㄡˇ

有 。 三 十 七 度 九 。

Yǒu. Sān shí qī dù jiǔ.

あります。37度9分です。

---

❶ 哪裡 =「どこ (ここでは身体の部位)」、**不舒服** =「体調がよくない、気分がすぐれない」　❷ 無力 =「力がない、だるい」、出「出る」(動詞) は冷汗「冷や汗」(名詞) の前に置く。　❸ 發燒 =「熱が出る」　❹ 三十七度九 =「37度9分」。体温を表すときは後ろの単位の「分」は通常用いない。

178

置き換え練習　🔊 142

ㄨㄛˇ
我 ～ 。
Wǒ

私は～ [身体の状態] です。

解説　我～「私は～ [身体の状態] です」は、我「私」の後ろに自分の病状などを表す動詞を入れて、身体の状態を相手に伝える表現。

置き換え単語

ㄊㄡˊ ㄊㄨㄥˋ
❶ 頭 痛
tóu　tòng
動 頭が痛い　▶我頭痛。

ㄎㄜˊ ㄙㄡˋ
❷ 咳 嗽
ké　sòu
動 咳が出る（咳をする）　▶我咳嗽。

ㄉㄨˋ ˙ㄗ ㄊㄨㄥˋ
❸ 肚 子 痛
dù　zi　tòng
動 お腹が痛い　▶我肚子痛。

ㄌㄚ ㄉㄨˋ ˙ㄗ
❹ 拉 肚 子
lā　dù　zi
動 下痢している　▶我拉肚子。

ㄊㄡˊ ㄩㄣ
❺ 頭 暈
tóu　yūn
動 めまいがする　▶我頭暈。

ㄒㄧㄤˇ ㄊㄨˋ
❻ 想 吐
xiǎng　tù
動 吐き気がする　▶我想吐。

❶「胃が痛い」=**胃痛** wèi tòng、「腰が痛い」=**腰痛** yāo tòng、「喉が痛い」=**喉嚨痛** hóu lóng tòng　❻ **吐**=「吐き出す」、[**想**「～したい」+ **吐**「吐く」]=「吐きたい」。吐き気、むかつきを表す言葉に**噁心** ě xīn もある。

❶ ㄎㄨㄞˋ ㄅㄠˋ ㄐㄧㄥˇ
快 報 警 。
Kuài bào jǐng.

速く通報してください。

快 =「(速度が) 速い」。**報警**は警察に通報
すること。

---

❷ ㄐㄧㄡˋ ㄇㄧㄥˋ
救 命 ！
Jiù mìng!

助けて！

命が危ないような危機に面したときに
用いるフレーズ。

---

❸ ㄑㄧㄥˇ ㄐㄧㄠˋ ㄐㄧㄡˋ ㄏㄨˋ ㄔㄜ
請 叫 救 護 車 。
Qǐng jiào jiù hù chē.

救急車を呼んでください。

請~「~してください」の後ろの**你**「あな
た」を省略している。**叫**「呼ぶ」(動詞) は
救護車「救急車」の前に置く。

---

❹ ㄎㄨㄞˋ ㄐㄧㄠˋ ㄖㄣˊ ㄌㄞˊ
快 叫 人 來 。
Kuài jiào rén lái.

速く人を呼んでください。

叫~來 =「呼びつける、呼び出す」、叫 [人]
來で「人を呼ぶ」。**快**「速く」(副詞) は「叫」
(動詞) の前に置く。

---

❺ ㄏㄞˊ ˙ㄗ ㄅㄨˊ ㄐㄧㄢˋ ˙ㄌㄜ
孩 子 不 見 了 。
Hái zi bú jiàn le.

子どもがいなくなりました。

孩子 =「子ども」、**不見了** =「(姿が) 見え
なくなった」。子どもの姿を見失ってし
まったときなどに使えるフレーズ。

---

❻ ㄑㄧㄥˇ ㄍㄣ ㄨㄛˇ ㄌㄞˊ
請 跟 我 來 。
Qǐng gēn wǒ lái.

私についてきてください。

❸のフレーズと同じく、**請~**の後ろの**你**
を省略している。**跟** =「後についていく」
(動詞)。事件や事故が発生した現場に誰
かを導くときに使える。

ㄨㄛˇ ㄕㄡˋ ㄕㄤ ・ㄌㄜ

❼ 我 受 傷 了 。

Wǒ shòu shāng le.

怪我をしました。

受傷 =「怪我」。**了**は状態の変化を表す。「〜してしまった」というニュアンス。

ㄨㄛˇ ㄆㄥˊ ㄧㄡˇ ㄅㄧㄥˋ ・ㄌㄜ

❽ 我 朋 友 病 了 。

Wǒ péng yǒu bìng le.

友人が病気です。

朋友 =「友人」。口語では**我的朋友**「私の友人」の**的**がよく省略される。**病了** =「病気になった」。

ㄨㄛˇ ㄒㄧㄤˇ ㄊㄤˇ ㄧˊ ㄒㄧㄚˋ

❾ 我 想 躺 一 下 。

Wǒ xiǎng tǎng yí xià.

ちょっと横になりたいです。

躺 =「体を横にする」（動詞）、**一下** =「ちょっと」。**想**（能願助動詞）は動詞の前に、**一下**は動詞の後ろに置く。

ㄨㄛˇ ㄅㄨˊ ㄏㄨㄟˋ ㄕㄨㄛ ㄓㄨㄥ ㄨㄣˊ

❿ 我 不 會 說 中 文 。

Wǒ bú huì shuō Zhōng wén.

私は中国語が話せません。

[**不會**「できない」+ **說**「話す」]で「話せない」。華語で話しかけられたらこう答えることもできる。現地では一般的に台湾華語は**中文**「中国語」と呼ばれる。

ㄧㄡˇ ㄏㄨㄟˋ ㄕㄨㄛ ㄖˋ ㄨㄣˊ ・ㄌㄜ ㄖㄣˊ ・ㄇㄚ

⓫ 有 會 說 日 文 的 人 嗎 ？

Yǒu huì shuō Rì wén de rén ma?

日本語を話す人はいますか？

[**會說**「話せる」+ **日文**「日本語」+ **的** + **人**]=「日本語が話せる人」。覚えておくと便利なフレーズ。

ㄑㄧㄥˇ ㄅㄤ ㄨㄛˇ ㄈㄢ ㄧˋ ㄧˊ ㄒㄧㄚˋ

⓬ 請 幫 我 翻 譯 一 下 。

Qǐng bāng wǒ fān yì yí xià.

ちょっと翻訳してくれませんか？

幫 =「手伝う」。**一下**「ちょっと」は**翻譯**「翻訳する」（動詞）の後ろに置く。**請幫我**は誰かに助けを求めたいときの丁寧な言い方なので覚えておきたい。

Chapter 6 食べる

Chapter 7 観光

Chapter 8 買い物

Chapter 9 備える

⑬
ㄓㄜˋ ㄕˋ ㄕㄣˊ ·ㄇㄜ ㄧㄠˋ

這 是 什 麼 藥 ?

Zhè shì shén me yào?

これは何の薬ですか？

這是~ =「これは~である」、**什麼藥** =「何の薬」。**什麼**は疑問代名詞なので語尾に**嗎?**は不要。

---

⑭
ㄧ ㄘˋ ㄔ ㄐㄧˇ ㄎㄜ ㄧㄠˋ

一 次 吃 幾 顆 藥 ?

Yī cì chī jǐ kē yào?

1回に何粒薬を飲みますか？

華語の「薬を飲む」は、**吃**「食べる」を使って**吃藥**と言う。**顆**「粒」は薬の量詞。「1日3回」は**一天吃三顆** yì tiān chī sān kē。

---

⑮
ㄨㄛˇ ㄉㄨㄟˋ ㄒㄧㄚ ㄍㄨㄛˋ ㄇㄧㄣˇ

我 對 蝦 過 敏 。

Wǒ duì xiā guò mǐn.

私はエビアレルギーです。

對 =「~に対して」、**蝦** =「エビ」、**過敏** =「アレルギー」。食品アレルギーのある人は知っておきたいフレーズ。

---

⑯
ㄨㄛˇ ㄏㄠˇ ㄉㄨㄛ ·ㄌㄜ

我 好 多 了 。

Wǒ hǎo duō le.

だいぶ具合がよくなりました。

~多了は「だいぶ~なった」という程度補語。**好多了** =「(前に比べて) だいぶよくなった」。身体の具合を聞かれたときなどによく使うフレーズ。

---

⑰
ㄨㄛˇ ㄉㄚˇ ㄙㄨㄢˋ ㄇㄧㄥˊ ㄊㄧㄢ ㄏㄨㄟˊ ㄐㄧㄚ

我 打 算 明 天 回 家 。

Wǒ dǎ suàn míng tiān huí jiā.

私は明日帰国する予定です。

打算 =「~するつもり、~する予定」(動詞)。**明天** =「明日」。**回家** =「家に帰る (ここでは帰国する)」。処方箋を出してもらうときや申請に時間がかかるときなどに使える。

---

⑱
ㄒㄧㄝˋ ·ㄒㄧㄝ ㄋㄧˇ ·ㄉㄜ ㄅㄤ ㄇㄤˊ

謝 謝 你 的 幫 忙 。

Xiè xie nǐ de bāng máng.

助けてくれてありがとうございました。

謝謝~の後ろに具体的な感謝の内容を表す名詞がくる。**幫忙** =「助け」。助けてくれた人への丁寧なお礼の言葉。

関連単語

🔊 144

① ㄐㄧㄥˇ ㄔㄚˊ □ 警 察	jǐng chá	名 警察
② ㄆㄞˋ ㄔㄨ ㄙㄨㄛˇ □ 派 出 所	pài chū suǒ	名 派出所
③ ㄧ ㄩㄢˋ □ 醫 院	yī yuàn	名 病院
④ ㄧ ㄕㄥ □ 醫 生	yī shēng	名 医者
⑤ ㄍㄢˇ ㄇㄠˋ □ 感 冒	gǎn mào	名 風邪 動 風邪を引く（風邪を引いたは「感冒了 gǎn mào le」）
⑥ ㄎㄡˇ ㄓㄠˋ □ 口 罩	kǒu zhào	名 マスク
⑦ ㄌㄧㄡˊ ㄅㄧˊ ㄕㄨㄟˇ □ 流 鼻 水	liú bí shuǐ	動+名 鼻水が出る
⑧ ㄗˋ ㄈㄟˋ □ 自 費	zì fèi	名 自己負担（診療費の実費）
⑨ ㄎㄞ ㄧㄠˋ □ 開 藥	kāi yào	動 処方箋を出す

❹「看護師」は**護士** hù shì　❾ 薬の受け取り方法は病院の規模などによって違う。院内の**藥局** yào jú で受け取る場合と、院外の薬局に処方箋を持ち込んで受け取る場合がある。

183

著者
プロフィール

渡邉豊沢 （張豊澤）
わたなべほうたく （ちょうほうたく）

台北生まれ。上智大学経済学部経営学科卒。現在 CoCo 外語（東京都国立市）で、中国語・台湾華語・台湾語の講師を務める。
著書に『リアル日常会話を楽しむ台湾華語 60 表現』。共著に『小道迷子の知ってトクする台湾華語』『小道迷子の台湾ではじめよう中国語』（以上三修社）『日本猫ワタナベのニャンでも比較文化論』（芸術新聞社）など多数。

キクタントラベル 台湾華語

発行日	2020 年 12 月 1 日（初版）
著者	渡邉豊沢
編集	株式会社アルク　出版編集部 高向敦子（高向編集室）
DTP	高向編集室
校正	許玉穎、陳盈穎、二瓶里美
発行者	天野智之
発行所	株式会社アルク 〒 102-0073 東京都千代田区九段北 4-2-6 市ヶ谷ビル Website : https://www.alc.co.jp/
AD	細山田光宣
装丁デザイン	柏倉美地（細山田デザイン事務所）
本文イラスト	小道迷子
本文デザイン	有限会社トライアングル、高向編集室
ナレーション	インリン、ケン・ウー（呉建恒）、阮宇瑄、藤田みずき、木村史明
チャンツ制作	明石隼汰
録音・音声編集	株式会社メディアスタイリスト、水妖音楽工作室
印刷・製本	シナノ印刷株式会社

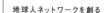

地球人ネットワークを創る

アルクのシンボル
「地球人マーク」です。